献给紫禁城建成六百周年

单霁翔带你走进故宫

文物风华

单霁翔——著
周高亮——摄影

故宫出版社

故宫博

序

小时候，我家住在四合院里。在我的记忆深处，早已烙印上永远的四合院情结，甚至成为内心对于城市记忆最柔软的地方。后来，我因缘际会来到故宫博物院工作，每天在这个世界上最大的四合院建筑群中行走，感受这里的一草一木、一砖一瓦，仿佛找到了那种久违而又熟悉的惬意。

壮美的紫禁城是中华文化的载体，记载着一代又一代人们的记忆、经历和情感。紫禁城是一个充满故事的地方。明清两代在此发生了无数中国政治、经济、文化、社会史上的重大事件。1925 年 10 月 10 日，在 3000 多位社会各界代表的见证下，紫禁城的内廷即皇帝居住的乾清门以内的地方，正式对公众开放。自当日起，紫禁城有了一个崭新的名字——故宫博物院。当天究竟有多少市民进入故宫博物院没有准确的统计，但据老员工回忆，当日下午，观众离去以后，仅从地上捡起被踩掉的鞋就有整整一大筐，说明故宫博物院从开院第一天就格外引人注目。

人们为什么要到故宫博物院来呢？最主要的理由有两条：

第一，它是世界上最大规模的古代木结构宫殿建筑群，是世界文化遗产，在它周围设置了 14 平方千米的缓冲区，不能建设高楼大厦，以保证景观的完整与和谐。壮美的建筑、严谨的形制、壮丽的彩绘，都表明它是中国官式古建筑的最高典范。这其中还有很多生动的空间、精美的装饰、独特的色彩、真实的信息、典雅的园林，使紫禁城充满了历史感、时代感，构成丰富多彩的文化景观，整体形成一个和谐的环境。

第二，其所收藏的文物藏品是中华五千年文明的重要载体和见证。论时代，上自新石器时代，下至宋、元、明、清直至近现代；论范围，囊括了古代中国各个地域的文明精华，包容了汉族和古代许多少数民族的艺术精粹；论类别，包含了中国古代艺术品的所有门类；论国别，包含了科技仪器、西洋钟表等来自英国、法国、德国、瑞士等国的外国文物。而且，故宫博物院院藏文物大多为清宫旧藏，传承有绪、保存完好、品相精美，具有极高的历史、文化、艺术价值。

故宫博物院是一个活态的生命体，每一件文物都是一段精彩的历史，都记载着曾经的辉煌；每一件文物的背后都有一个个鲜活的灵魂，都有动人的故事。随着人们文化生活需求的增长，越来越多的观众开始走进博物馆，丰富自己的文化生活。虽然故宫博物院一到节假日就会迎来满员的观众，但每年能到故宫博物院来参观的人也只是世界人口中很少的一部分，所以要通过赴国内外的临时展览，以及数字技术成果、文化创意产品等更多的方式，使人们了解故宫文化。

我总说自己是一个“看门人”，在尽职尽责的同时给大家讲讲故事，这应该符合人们对“看门人”的普遍认知。我用三本书的篇幅，给大家讲述关于故宫博物院的三大类故事。一是关于故宫博物院的古建筑；二是关于故宫博物院的珍藏文物；三是关于与故宫博物院有关的人。

故宫博物院是中国文化遗产的守护者与传承者，也是中国文化对外交往的一张亮丽名片。中华民族绵延不断的历史文化，在故宫博物院的各类文物藏品里均能得到印证。紫禁城有丰富的文物收藏，这些文物所体现的是中国艺术的最高水平。例如建筑艺术体现中国传统砖木结构的鲜明特点，完全不同于西方的砖石结构建筑；绘画艺术往往表现人们内心世界而具有民族特色，不同于西方的油画；书法艺术作为深奥的艺术形式，在全世界独一无二；瓷器、珐琅器等制造技术，玉雕、木雕、石雕等雕刻艺术，体现东方文化的审美特点；戏剧和音乐文物也都展现出很高的民族文化艺术境界。自古“得人者兴”，故宫古建筑的维修保护、故宫文物藏品的保管展陈、故宫学的研究弘扬都离不开一代代“故宫人”的努力付出，离不开有识之士的鼎力相助，离不开公众共同担起的保护遗产、传承文化的重任。故宫是全体民众的故宫，实现“平安的故宫、学术的故宫、完整的故宫、强大的故宫”，是张忠培老院长的重托，也是全体民众共同的愿望，需要我们共同来完成。

2020 年，紫禁城迎来了它 600 岁的“生日”。建成于 1420 年的紫禁城，曾经居住过明、清两代 24 位皇帝，490 余年间一直是中国的政治中心，目前收藏着 1862690 件文物。在实现“中国梦”的宏大背景下，“故宫人”所有的努力，都是为了实现共同的“故宫梦”——把壮美的紫禁城完整地交给下一个 600 年。这句曾经的口号，经过大家的不懈努力终于得以实现！

当年纪录片《我在故宫修文物》引发热议，年轻人对“择一事终一生”精神的认可，给了我们很大的鼓舞。也许正是因为这种精神，使故宫博物院变得更接地气、更有人气，也使“故宫人”变得老少皆迷。有了社会各界的关心支持，想来 600 岁的紫禁城更可以驻颜有术，青春不老，健康地迎接下一个 600 年，再一个 600 年……

希望每一位看过这三本书的读者，都能够感受到中华文化遗产的厚重底蕴，感受到故宫博物院的文化气息。

单霁翔

目录

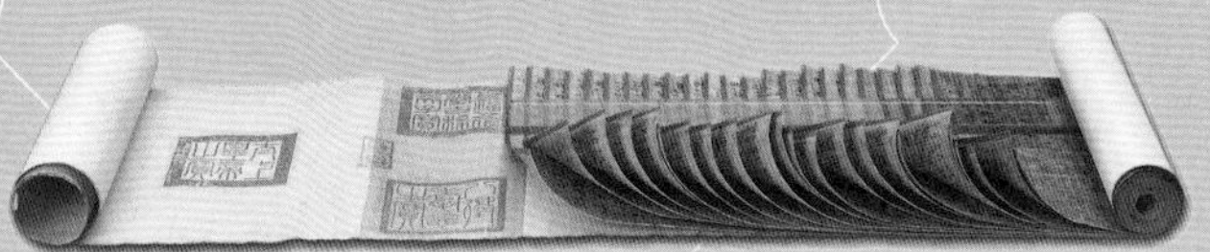

细说文物

篇一 细说文物

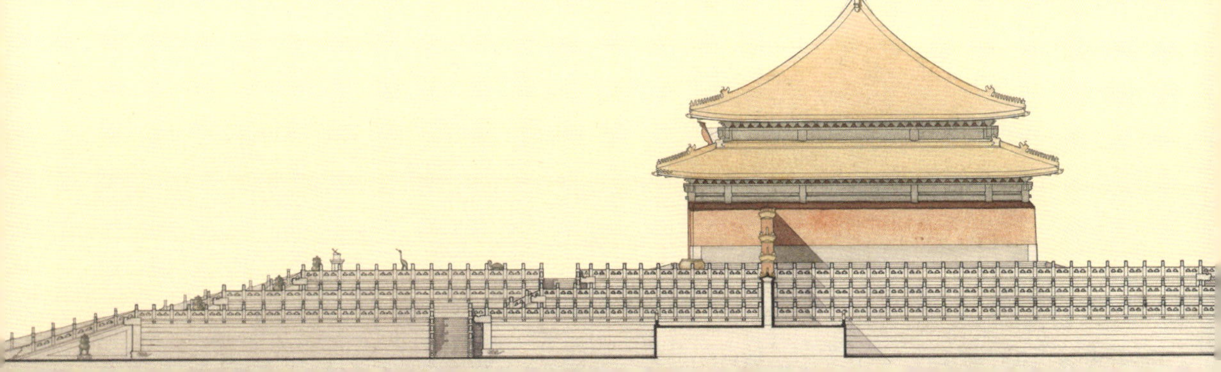

第一话 故宫文物知多少

一

我到故宫博物院工作第一天，就能说出故宫博物院有多少件文物藏品——1807556件，有整有零地都能说出来。为什么呢？因为这是我的前任郑欣淼院长告诉我的。我来之前，郑欣淼院长领导故宫人用了7年的时间，把故宫博物院的文物藏品全面彻底地进行了一次清点。我做了10年的国家文物局局长，知道这个数字对于全国博物馆文物藏品的意义。国家定级的珍贵文物，分为一级文物、二级文物、三级文物，统称珍贵文物，一共是401万件，收藏在故宫博物院内的有168万件，占全国珍贵文

物的41.98%，也就是三分之一以上不到二分之一的珍贵文物收藏在故宫博物院。

近年来，通过第一次全国可移动文物普查，故宫博物院的文物藏品数量又增加了5.5万件。对例如乾隆御稿、殷墟甲骨、尺牍、老照片等文物进行详细的清点，这样到2016年年底，故宫博物院的文物藏品一共是1862690件。其中珍贵文物1683336件，一般文物163969件，标本15385件。

这在国内博物馆中首屈一指，在世界博物馆中也是名列前茅的。全世界博物馆藏品数量与等级一般都是金字塔结构，塔尖的位置是珍贵文物，腰身的位置是一般文物，底层是资料，也就是尚未列入级别的文物。然而，与其他博物馆不同，故宫博物院的藏品特点呈现“倒金字塔”型结构：90.4%的文物是珍贵文物，8.8%的文物是一般文物，资料占0.8%，可以说几乎件件都是珍贵文物。对于故宫博物院来说，越是珍贵的文物，数量反而越大。也就是说，不是珍贵文物，几乎不可能进入故宫博物院。所以说，故宫博物院的责任不可谓不大，这也是故宫博物院持续加大文物藏品保护的最重要的原因。

依据不同质地和形式，故宫博物院的文物藏品可分为绘画、法书、碑帖、铜器、金银器、漆器、珐琅器、玉石器、雕塑、陶瓷、织绣、雕刻工艺、其他工艺、文具、生活用具、钟表仪器、珍宝、宗教文物、武备仪仗、帝后玺册、铭刻、外国文物、其他文物、古籍文献、古建藏品，共25大类。截至2016年底，故宫博物院藏绘画53421件、法书75676件、碑帖29726件、铜器159736件、金银器11650件、漆器18913件、珐琅器6619件、玉石器31796件、雕塑10243件、陶瓷378860件、织绣181739件、雕刻工艺11423件、其他工艺13599件、文具85643件、生活用具39832件、钟表仪器2837件、珍宝1134件、宗教文物48912件、武备仪仗32721件、帝后玺册5070件、铭刻49816件、外国文物1809件、其他文物3374件、古籍文献602211件、古建藏品5748件、其他182件，总计1862690件。

故宫博物院藏品比例结构示意图

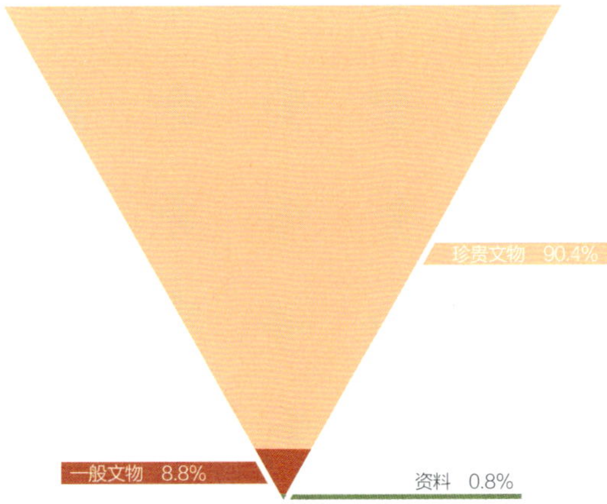

二

这些文物藏品经过修复、保养之后，被妥善保藏。故宫藏品的整体面貌可谓洋洋大观，大而齐备。

绘画、法书、碑帖以及古籍文献等，是较为脆弱的纸质文物藏品。这些文物藏品大多数保存在地下文物库房，需要良好的保管条件。因此，故宫博物院对于纸质文物的提取有着非常严格的要求，书画藏品展出一次至少需要“休息”3年时间，其间即使院长也无权调阅。

11000件雕刻工艺品，包括象牙制品、寿山石制品等，还有13000件其他工艺品。在其他工艺品中比较难保管的就是盆景，它们体量较大，又不像瓷器、玉器等器形比较规整，可以装入囊匣。这些盆景的枝干、花瓣一般是玉石制造，叶片则有一些是染牙材料，因此无论是保管、搬运，还是陈列，都要格外小心。

北宋　赵佶
《锦鸡芙蓉图》轴

清 《因竭陀尊者像》

元 赵孟頫
草书千字文卷（局部）

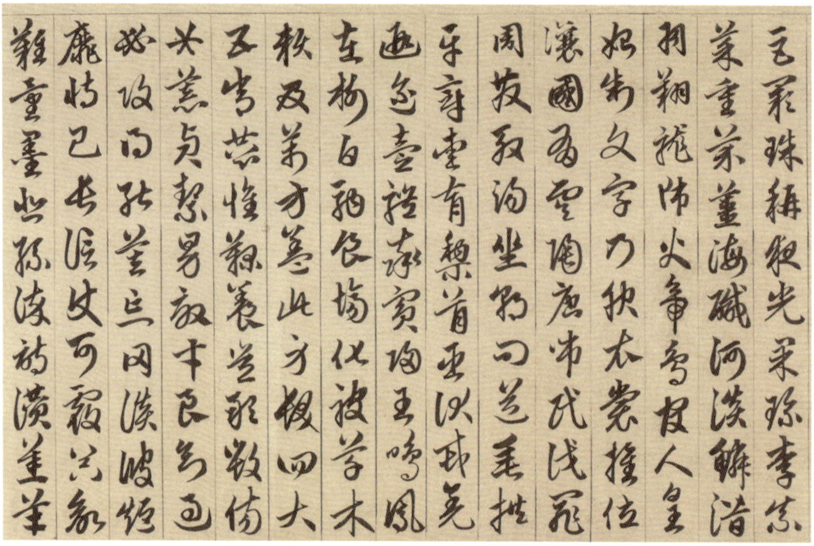

生活用具类藏品，主要是内廷帝后生活中使用过的东西，可谓无奇不有。比如其中有很多孩子的玩具，还有很多当时的食品，以及普洱茶、中药等。

故宫博物院一共收藏了6200件明清家具，包含很多紫檀、黄花梨等材质的家具，极为珍贵。

在我们国家，博物馆收藏的外国文物很少，但故宫博物院是个例外。故宫博物院还保留着大量明代以来世界许多国家流传到中国的工艺品、科学仪器、艺术作品，丰富多彩，是中国与世界各国友好交往最直接的物证。明清两代，24位皇帝坐在太和殿内，接待过来自世界众多国家的使臣，包括外国传教士，所以积累下来大量外国文物，其中18世纪的西洋钟表仪器就有2200件，世界上收藏18世纪西洋钟表最具特色的博

图上
清 绿缎绣五彩花卉飞鸟纹女袷袍

图下
法国 19世纪
火车头式表

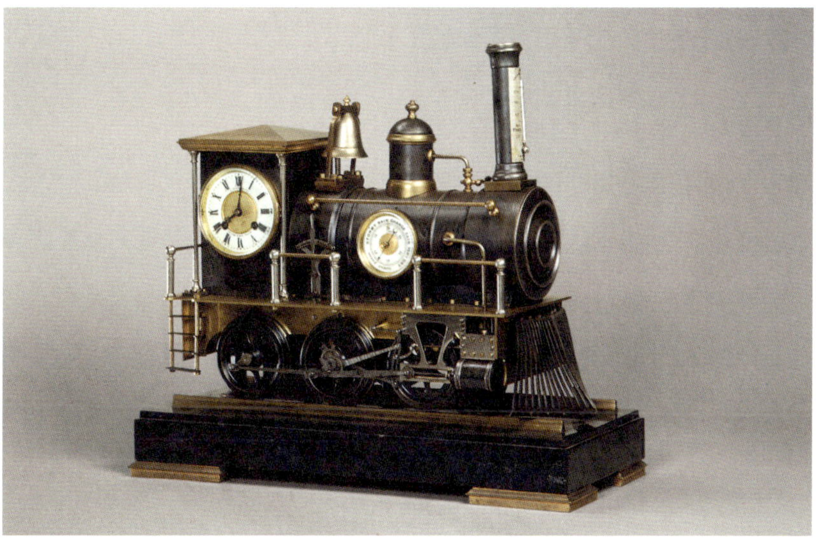

物馆是故宫博物院。这些来自欧洲各地的钟表仪器在当时应该是稀罕的物品，但是紫禁城却有大量珍藏，证明当年这里与世界各国有着广泛的友好交流。

三

不少人认为故宫博物院的文物藏品基本是明清时代的遗存，这既是事实，也不完全是事实。虽然故宫博物院的文物藏品中 86.9% 为清宫旧藏，但是其中有数十万件文物藏品为明清以前的早期文物。

例如院藏碑帖是非常重要的文物藏品。其中包括大量清宫旧藏，过去历代皇帝都研习书法，广泛收集名山大川的摩崖石刻、田野碑刻的文化信息，因此宫廷收藏的碑帖不但数量大，而且内容全面。千百年后，当那些处于自然状态下的石刻文物已经严重风化，甚至由于战争等原因被损毁，只有故宫博物院妥善地保存着这些珍贵的历史信息，碑帖文物的重要性也在于此。

此外在绘画、法书、铜器、玉石器、雕塑、铭刻等文物藏品中均有大量早期文物藏品。其中青铜器藏品与馆藏数量巨大的瓷器藏品，在当年的使用性质与现今并不一样。因为今天的瓷器藏品在明清时期大多数是日常生活用品，并不是艺术品，更不是收藏品。但是青铜器在当时就已经是珍贵的艺术品、收藏品，其中有的时代很早，例如商代、西周时期的青铜器，它们出土于不同地区，因此有丰富的类型。

汉　西乡侯见张君残碑

四

另外，故宫的古建筑群不是孤立的一个“壳”，它与丰富的清宫遗存连在一起，成为中华传统文化的一个载体和中华文明成就的一个标志。文物藏品与文物建筑的不可分割构成故宫博物院文物藏品的重要特点。

一是清宫藏品与建筑不可分割。紫禁城内的建筑有其特殊用途，除了“左祖右社”“前朝后寝”等功能划分之外，许多建筑与清宫珍藏的各类文物藏品有密切关系。例如清宫收藏的书画与紫禁城建筑的关系，据《石渠宝笈》记载，紫禁城内共有 14 处殿宇用于存贮书画，其中存贮量最大的是御书房，其次是乾清宫、养心殿、重华宫等处。再如，清宫收藏典籍与紫禁城建筑的关系，昭仁殿曾集存内府的宋、元、明善本，文渊阁存贮《四库全书》，摛藻堂专贮《四库全书荟要》，等等。

二是文化遗存与建筑不可分割。反映宫廷文化艺术的历史遗存与紫禁城部分建筑构成一种特殊的文化空间和记忆场所，包括音乐、戏剧、绘画、书法、雕塑、园林等方面的遗物和遗迹。例如，10000 余册清宫唱本乐谱、12000 余件戏剧服装和道具、2300 余件乐器、1000 余张老唱片，以及畅音阁和漱芳斋等处的戏台，共同构成了宫廷娱乐活动的记忆空间和文化载体。再如，钦安殿、坤宁宫、雨花阁、大佛堂、城隍庙等建筑及其保存的 48000 余件宗教文物，可见道教、萨满教、藏传佛教等宗教文化在宫廷生活中的存在及影响，也是研究明清时期宗教政策、民族关系的重要实物资料。

文渊阁

第二话 两岸故宫同根柢

历史上，故宫博物院部分文物藏品经历过南迁。其中一些南迁文物藏品运往台湾的历程已为世人所熟知，但是不少人以为当年故宫博物院的所有文物都实施了南迁，这是个误解。当时，各个陈列室维持正常开放与参观，本就需要一定数量的展品。而故宫博物院各库藏品数以百万计，大部分仍保存于原处未动，有的甚至整座库房的文物藏品均未南迁。根据民国时期北平故宫博物院的多次清点数据，留存北平的文物藏品多达 118.9 万余件，更有数以百万计的明清档案，数量为南迁文物的 20 余倍。

行政院关于南迁文物起运的密令

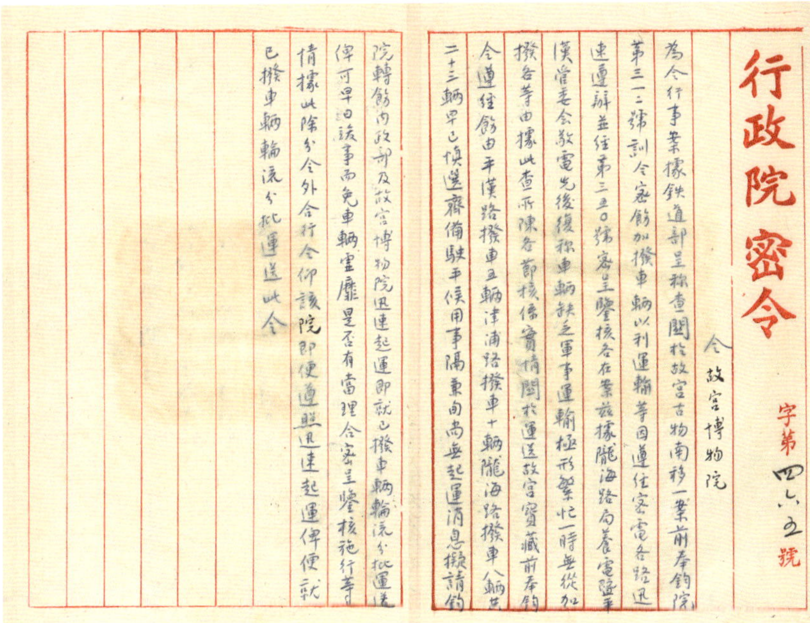

行政院密令 字第四六五號

令故宮博物院

為令行事案據鐵道部呈稱查關於故宮古物南移一案前奉鈞院第三一三號訓令密飭加撥車輛以利運輸等因遵經密電各路迅速運辦並經第三五〇號密呈鑒核各在案茲據隴海路局養電暨平漢當委會敬電先後復稱車輛缺乏軍事運輸極形繁忙一時無從加撥各等由據此查所陳各節核係實情關於運送故宮寶藏前奉鈞令遵經飭由平漢路撥車五輛津浦路撥車十輛隴海路撥車八輛共二十三輛早已慎選齊備駛平候用事隔兼旬尚無起運消息擬請鈞院轉飭內政部及故宮博物院迅速起運即就已撥車輛輪流分批運送俾可早日竣事而免車輛虛靡是否有當理合密呈鑒核施行等情據此除分令外合行令仰該院即便遵照迅速起運俾便就已撥車輛輪流分批運送此令

故宫作为旅游目的地非常有名，但是故宫博物院在世界上没有故宫那么有名。不少人去过台北故宫博物院后感到那里的文物藏品丰富，陈列展览多样。实际上，北京故宫博物院的文物藏品更加丰富，陈列展览更加多样，每年推出40余个展览，既有重要宫殿的原状陈列，也有珍宝、钟表、瓷器、书画等常设展览，还有根据故宫研究人员的研究成果推出的主题鲜明、思想性强的专题展览，例如“明永乐宣德文物特展”“故宫文物南迁史料展”等，这些展览共展示近万件文物藏品。但是观众进入台北故宫博物院首先看到的就是引人注目的陈列展览和文物展品，而人们进入北京故宫博物院后往往首先被壮美的古建筑群所吸引，被古建筑内的原状陈列所吸引，因此对于分散在东路和西路的众多陈列展览则不大注意，错过参观的机会，或者因为参观宫殿建筑群就已经十分疲劳，因此没有精力再看展览。这些需要加强宣传和引导，使观众有更加清晰和自主的选择。

图上 丽景轩溥仪生活原状陈列

图下左 明永乐宣德文物特展

图下右 故宫文物南迁史料展

两座分隔在海峡两岸的博物院，其藏品都主要来自清代宫廷旧藏，各有所长、互为补充，可谓同根同源。两岸故宫血脉相连，代表了中华民族文化的精髓，是所有中国人的骄傲。另外，两岸故宫都是向社会公众开放的博物馆，是公益性的文化机构，都在为如何更好地保护、研究与利用这些文物藏品，更好地实现社会教育、文化传播等职能而不懈努力。加强两岸故宫的交往能够切实促进两岸同胞对中华民族文化的认同感和归属感，并对两岸文化交流产生积极的效用和深远的影响。这不仅仅是两岸"故宫人"所期待与欢迎的，更是两岸民众的普遍愿望。

第三话

洋洋大观话品类

前面已经提到过，截至 2016 年 12 月 31 日，故宫博物院共收藏文物 1862690 件，其中珍贵文物 1683336 件，一般文物 163969 件，标本 15385 件。这 186 万余件文物，可以说是体系完备、涵盖古今、品质精良、种类丰富。

故宫博物院的藏品分为 25 个品类，分别是绘画、法书、碑帖、铜器、金银器、漆器、珐琅器、玉石器、雕塑、陶瓷、织绣、雕刻工艺、其他工艺、文具、生活用具、钟表仪器、珍宝、宗教文物、武备仪仗、帝后玺册、铭刻、外国文物、其他文物、古籍文献、古建藏品。其中，

图上 数字文物库

图下 藏品分类

前23类又被统称为文物类藏品。这个分类的方法，既考虑到了藏品的质地，又考虑到了藏品的用途，它是一种综合了二者特点的分类方法，在全国博物馆藏品分类体系中，它的类别数量应该是最为全面的，分类方法应该也是最有特点的。这主要还是因为我们的藏品数量确实非常巨大，而且种类相当丰富。

1. 绘画藏品。在绘画方面，我们一共有53000件藏品，包括《五牛图》《清明上河图》《千里江山图》等传世名作。故宫博物院的绘画收藏以明清宫廷旧藏为基础。清代尤其是乾隆时期，内廷收藏的历朝名画数量极大，可谓盛极一时。但清末社会动荡，一些书画也因故流散出宫。这之后，随着20世纪三十年代的古物南迁，一部分文物运往台湾，到1949年，故宫博物院所藏书画已经大为减少。

中华人民共和国成立以来，在国家的重视与大力支持下，国家文物局在20世纪五十年代先后通过清查、整理、调拨、接收等各种方式，将收集的书画作品分数次拨交给了故宫博物院，这其中也包括国家花重金从境外购回的珍品。还有许多国内外的爱国收藏家将秘藏无私捐赠出来，使得故宫书画馆藏大为丰富。同时，故宫博物院通过坚持不懈的收购和征集，发现并入藏了一大批绘画精品。加之20世纪九十年代逐渐兴起的艺术品拍卖风潮，也使一些绘画珍品在历经沧桑劫难后终于回到了故宫博物院。由此，故宫博物院的绘画藏品价值在全国可以说是首屈一指，几乎囊括了中国绘画发展各历史时期的名家名品，而绘画藏品也算得上是故宫博物院艺术藏品的重中之重。

2. 法书藏品。故宫博物院有法书约75000件。有的人可能会问，不是一直都叫书法吗？怎么又叫它法书？实际上，法书和书法是不同的。法书是对古代名家墨迹的尊称，包含着书法作品之楷模的意思。在明清两朝，宫廷内府集中收藏了历朝历代的法书作品，这在康熙时编纂的《佩文斋书画谱》和乾隆、嘉庆时编纂的《石渠宝笈》三编均有著录。20世纪初清帝逊位前后，部分法书流散而出。中华人民共和国成立前，一部分法书

东晋 王献之
草书《中秋帖》

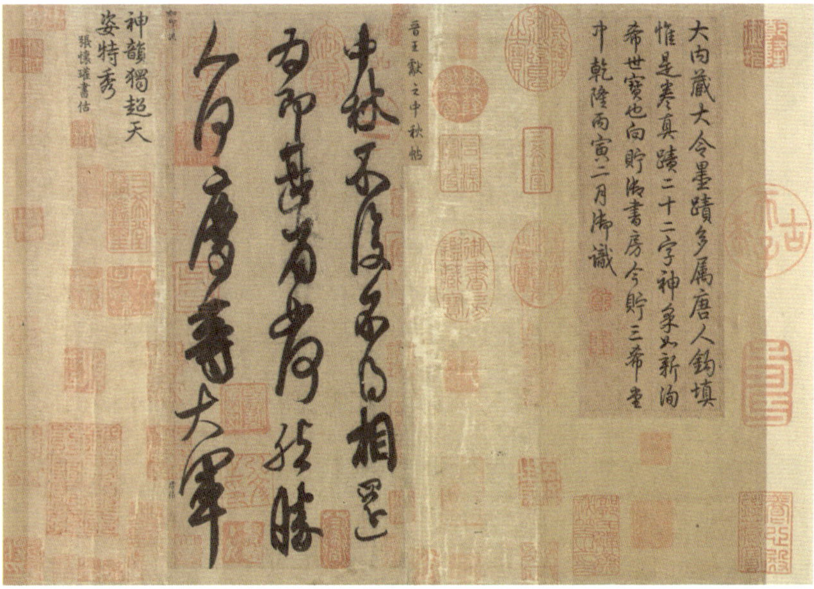

又被人为地带到了台湾，现在保存于台北故宫博物院。20世纪五十年代以来，在政府的关怀和诸如张伯驹、陈叔通、朱文均、罗福颐等收藏家的贡献下，众多法书精品重回紫禁城，故宫书法宝库得以重建，包括神龙本《兰亭序》《中秋帖》《伯远帖》等法书精品，成为故宫博物院极其重要的文物藏品。

3. 碑帖藏品。故宫博物院藏有碑帖29000件。历代帝王都钟情书法，他们广泛搜集各地名山大川的田野石刻信息，但是千百年之后，那些处于自然状态下的碑刻已然风化或者损毁，然而清晰的历史信息则得以保存在博物馆中。故宫博物院的碑帖小部分是清宫旧藏，大多数则是中华人民共和国成立后征集而来的。

绘画、法书和碑帖这三类纸质文物加在一起是158000件，应该说是在世界博物馆领域无与伦比的收藏。

4. 铜器藏品。其中最重要的也是最有特点的藏品是青铜器。青铜文化是人类文明发展到一定阶段的产物，我国的大型青铜器在夏朝晚期已经开始出现，到商朝前期和后期有大量气势恢宏、纹饰繁缛的呈组合式的青铜器出现。到了西周、春秋、战国时期，一大批具有长篇铭记历史事件文字的青铜器又诞生了。青铜器的制造和发展可以说是历代绵延不断，但其对社会生活产生较大影响，还是在先秦时代。清代皇家收藏的青铜器在乾隆朝已经有数千件之多，这当中除去一部分后来运到台湾，一部分流失之外，其余的仍保存在故宫博物院。加上中华人民共和国成立后陆续由政府调拨、私人捐献以及故宫博物院收购的青铜器，故宫博物院现存青铜器已经达到15000多件。

青铜器在我国诸多博物馆均有所藏，故宫博物院是我国收藏青铜器最多的博物馆，而在这其中，有先秦的青铜器约10000件。故宫博物院还是世界上收藏带先秦铭文青铜器最多的博物馆，我们的1600余件带先秦铭文的青铜器非常具有研究价值。

5. 金银器藏品。故宫博物院有11000件金银器，都是传世的艺术品。宫内的金银器采用了铸造、錾刻、累丝等多种技艺，造型别致，纹饰精美，极富宫廷特色，具有极高的历史价值和艺术价值。其中，金器主要为清宫遗存，大部分为清代制品，涉及清代典章、祭祀、冠服、生活、鞍具、陈设和佛事等方面。银器绝大部分为清代制造，以银壶、银杯、银盒等为主。锡器形状不一，上多刻有诗文、花卉、山水人物，还有一部分刻有私人收藏款。

商　正鼎

元 朱碧山银槎

6. 漆器藏品。故宫博物院有多达18000余件的漆器，在全世界的博物馆中也是绝无仅有的。漆器是以木头或其他材料造型后经髹漆而成的器物，具有实用功能和欣赏价值。中国是世界上最早认识漆的特性并将漆调成各种颜色，作美化装饰之用的国家。故宫博物院收藏的漆器数量位居世界博物馆之冠，这其中以元、明、清三代传世作品为主，兼有少量早期作品。在元、明、清三代的作品中，又以宫廷作品为主，兼有部分民间作

明 永乐水仙花雕漆圆盘

品。这些漆器种类齐备，内容丰富，并且具有相当高的工艺水平和研究价值，是世界工艺美术品的重要组成部分。

7. 珐琅藏品。故宫博物院是全世界收藏中国古代金属胎珐琅器数量最多的地方，有6600件珐琅器，涵盖了从元代到清代以及民国时期的金属胎珐琅器。这其中，掐丝珐琅器4000余件，画珐琅器2000余件，此外还有錾胎珐琅器、锤胎珐琅器、透明珐琅器等。它们中的绝大多数是明清两代皇家所控制的机构生产的，少数则为民间作坊制作。故宫博物院所藏的珐琅器用途广泛，涉及宫殿陈设、宗教祭祀、殿内建筑装饰以及日常生活等各方面，是研究中国古代金属胎珐琅器的珍贵实物资料。

8. 玉石器藏品。31000 件玉石器是故宫博物院收藏的骄傲。中华五千年文明，甚至上溯八千年，可以通过故宫博物院的藏品串联起来。例如，出土于东北的红山文化玉器，出土于浙江的良渚文化玉器，还有时代更早一些的安徽凌家滩文化玉器等，故宫博物院都有广泛的收藏。这些玉石器主要源于清宫遗存，其中以玉器占了绝大多数，其他还有水晶、玛瑙、青金石、芙蓉石、孔雀石、珊瑚等珍贵宝石制成的器物，可以说是品种齐全、工艺精湛。

9. 雕塑藏品。雕塑是造型艺术的主要门类之一，是雕刻与塑造的总称。雕刻多施于木、石、金属等材质之上，塑造则是以泥土为主要材料。故宫博物院所藏雕塑主要包括上至战国、下至清代的各色俑，木雕、石雕、瓷雕佛像，汉代画像砖与画像石，隋唐时期人物、动物砖雕及宋代二十四孝砖雕等。故宫博物院所藏雕塑主要来自以下几种途径：清宫旧藏、国家拨交、接受捐赠及收购。故宫博物院的雕塑文物以品种齐全、内容丰富、具有较高的历史与艺术价值著称，是中国雕塑文物的重要收藏机构之一。

10. 陶瓷藏品。故宫博物院是我国收藏陶瓷藏品数量最多的博物馆，该类藏品有 37 万余件。此外，故宫博物院还收藏有数千件陶瓷方面的实物资料和 30000 多片瓷片标本，这些标本都是中华人民共和国成立以来故宫博物院研究人员从全国各地多达 150 个重要窑口采集到的。可以

景德镇御窑瓷器残片

说，故宫博物院所藏的中国古代陶瓷藏品自成体系，较为全面地反映了中国陶瓷生产八千年绵延不断的历史。尤其是所藏的宋代五大名窑及明清官窑瓷器，无论在数量上还是质量上均称得上是世界首屈一指。

11. 织绣藏品。故宫收藏了180000余件古代织绣，包括服饰、材料、陈设用织绣品和织绣书画4类。其中，服饰又可分为成衣、冠帽、冠杂、靴鞋袜、佩饰、佛衣和活计等；材料类囊括锦、缎、绫、罗、绸、纱、绢、绒、缂丝和棉布等；陈设用品包括铺垫、坐褥、靠垫、迎手、椅披、门帘、帐子、帷幔、被子、枕头、炕单、炕席、桌围等；织绣书画则是以书画、诗文作品为蓝本，运用织、绣等工艺技法加以艺术再现的欣赏性艺术品，装帧形式上则有轴、卷、册、条屏、屏风、扇面、镜心等。

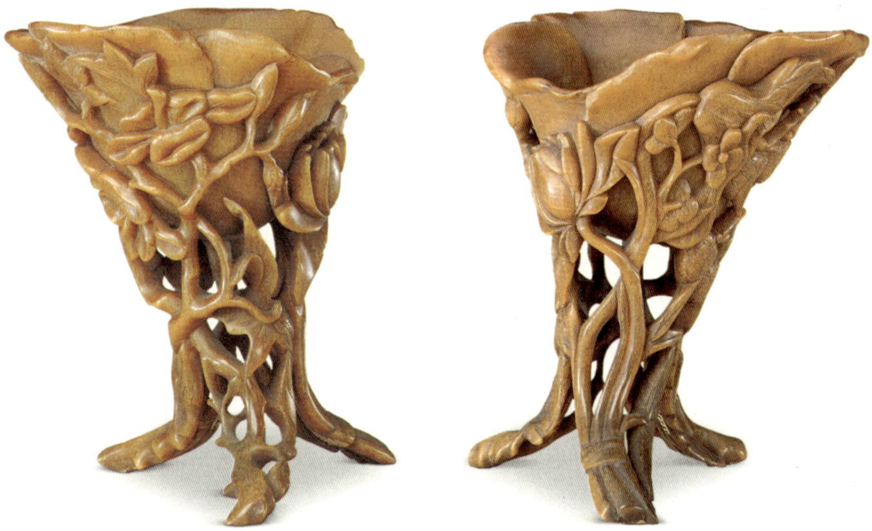

清　犀角雕花三足觥

故宫博物院的织绣藏品大多数为清宫用品，几乎全部产自江南三织造（南京、苏州、杭州）。总的来说，故宫的织绣藏品数量多、品类繁、规格高、质量精、保存好，在中国及世界博物馆同类藏品中首屈一指。它对于研究清代服饰制度、清代丝织品织造技术水平、丝织业发展状况及清代的历史文化、宫廷生活、艺术审美与思想观念等都具有极为重要的价值。

12. 雕刻工艺藏品。故宫还有 11000 件雕刻工艺品，包括竹雕、木雕、象牙雕刻以及犀角雕刻等，一般被称为“杂项”。这几种工艺的历史都极为悠久，也与日用联系较为密切，但在相当长的历史时期都没有形成稳定的工艺传统。直至明清时期，随着整个工艺美术领域的繁荣发展，竹

清 雍正款蓝料八棱瓶

木牙角雕才取得了空前的成就。它们形成了独具特色的工艺技法，留下了大量美轮美奂的作品，派生出全国闻名的地方物产，也得到了上层社会的关注。借助不同材质雕刻出来的不同作品，竹木牙角雕各自具备一套完善而独特的雕刻技术，有自家传承的有序规律，同时也有许多姿态各异的作品流传后世。

13. 其他工艺藏品。其他工艺藏品主要包括玻璃器、盆景等。玻璃器在明清也被称为“料器”。中国的玻璃制造工艺已有两千多年的历史，但实际上在清以前始终处于缓慢发展的状态。自清康熙朝以来，在西方科学技术的影响下，清宫玻璃厂正式建立。此后，宫廷御用玻璃器的制作一

清乾隆
白玉鱼螺荷叶式笔洗

直持续到清末，而这其中又以康、雍、乾三朝为最顶峰。

14. 文具藏品。故宫收藏了68000余件文房四宝——笔、墨、纸、砚。文房四宝是中国非常具有特色的文书工具，专指文人书房用具，笔、墨、纸、砚为文房最普遍使用的工具，故曰“文房四宝”，以湖笔、徽墨、宣纸和端砚最为有名。“文房四宝”不仅具有极强的实用价值，同时也是融汇绘画、书法、雕塑、装饰等各种艺术门类为一体的艺术品。

实际上，除去“四宝”，文房用品还包括笔筒、笔架、墨床、墨盒、臂搁、笔洗、书镇、水丞、水勺、砚滴、砚匣、印泥、印盒、裁刀、图章、卷筒等。故宫博物院所藏的文房用品多为清代名师制作，为皇家御用，因此用料考究、工艺精美。它们代表了我国数千年来文房用具的发展水平和能工巧匠们的创造智慧与艺术才能，是文房用品中的瑰宝。

15. 生活用具藏品。主要是家具藏品和其他生活类文物。故宫博物院收藏了6200余件明清家具。这当中，明代家具有300余件，清代家具则汇集了床榻、椅凳、桌案、箱柜、屏联、台座等，一应俱全。还有东洋家具、西洋家具近500件。

论质地，有铁梨、乌木、鸡翅木、酸枝木、榉木、楠木、桦木、榆木、黄杨等家具，特别是还包含很多紫檀、黄花梨等材质的家具，极为珍贵。这些家具除部分为清宫造办处制作外，大多数来自全国各地，其中属广作、京作、苏作、晋作最为有名。故宫博物院所收藏的家具，基本全面地反映了明清家具的风格特点，对研究明清家具艺术及当时的思想文化和社会生活具有重要的指导和参考价值，是我国十分宝贵的文化遗产。

故宫博物院里还有13000件生活文物，包括宫灯、盆景、如意、药具器材、茶叶、餐具、火镰等，基本都为清宫旧藏，也有少部分来自民间征集或个人捐赠。换句话说，生活文物主要就是内廷帝后生活中使用过的东西。比如其中有很多孩子的玩具，还有很多当时的食品，以及普洱茶、中药等，可以说是无奇不有。由于种类繁多，用途各异，因此材质也迥然不同，木、绸缎、毛、牛角、珠宝等均可见到。其工艺诸如染色、粘贴、刺绣、雕镂、镶嵌等也是异彩纷呈。在这些器具中，比较难保管的就是盆景，它们体量较大，又不像瓷器、玉器等器形比较规整，可以装入囊匣。这些盆景的枝干、花瓣一般是玉石制造，叶片则有一些是染牙材料，因此

清　红宝石梅花盆景

无论是保管、搬运还是陈列都需要格外小心。故宫所藏的这些生活器具，蕴藏着相当丰富的文化内涵，既向人们展示了神秘的宫廷生活，同时也向我们展示了优秀的中国传统工艺。

16．钟表仪器藏品。在我国，博物馆收藏的外国文物很少，但是故宫博物院是个例外。近500年的文化交流，特别是使臣纳贡、贸易交流使故宫积累了大量的外国文物。在西洋钟表收藏方面，故宫博物院是世界上收藏18世纪西洋钟表最具特色的博物馆，共有2200件钟表藏品。

这些钟表仪器可以说是故宫博物院众多文物藏品中相当特殊的一个种类，是明末以来西学东渐之下的产物，也是反映明清时期中国宫廷中中西文化交流的重要遗存。明末来华的传教士为谋求其教务发展，在反复探索与权衡后采取了以展现西方科学技术为主旨的传教策略，开启了中西文化交流的崭新一页。他们或是进献从欧洲携带而来的钟表仪器，或是以其学识、技术向中国社会特别是清朝宫廷提供世俗服务，以发挥自己的一技之长。他们制造或指导造办处工匠制作了大批钟表仪器，并影响了当时的宫廷学风，进而使引进、购买和制造钟表仪器成为宫廷的自觉行为。这一历史状况决定了中国宫廷钟表收藏的特殊性，在承载中外文化交流和影响方面所显现出来的代表性、典型性、广泛性是世界上任何其他博物馆的同类收藏无法比拟的。

17．珍宝藏品。故宫博物院还收藏了大量的清代宫廷首饰。这些首饰由广储司和造办处的撒花作、累丝作、玉作、牙作、镶嵌作、珐琅作等处承做。按照佩戴方式，又被分为头饰、颈饰、佩饰等几大类。它们造型高贵典雅，做工细致入微，透露出严格的等级差别，也体现了匠师们高超

清　银镀金镶珠翠耳环

的工艺水平。

18. 宗教文物藏品。故宫博物院收藏宗教文物48000件，涵盖汉传佛教、藏传佛教、道教、萨满教4大类。汉传佛教以清宫旧藏的各种佛教经典和故宫博物院成立后收藏的各类佛教造像为主。道教文物有500多件，存于钦安殿和玄穹宝殿；萨满教文物几十件，存于坤宁宫。它们均未与古建筑分离，具有比一般的传世文物更高的历史文化价值。宗教文物中80%都是藏传佛教文物，其中有23000件佛造像、7000件祭法器和1970件18世纪的唐卡。它们原存于清宫多处藏传佛教佛堂，大多数来自清代蒙藏地区，是民族宗教领袖敬献给皇帝的礼物，也有的是宫廷制作的佛教艺术精品。除此之外，还包括了一些来自域外的佛教艺术品。这些藏传佛教文物既显示了藏传佛教艺术的辉煌成就，同时也反映了清代中央政府同蒙藏的关系及其治理蒙藏边疆的历史进程。

19. 武备仪仗藏品。故宫还保存着不少武备仪仗。它们大部分属于清代皇帝的御用品，如大阅、骑射时的实物及大量赏玩器和陈设器，同时也有八旗官兵的遗物，还有全国各地贡入宫廷的利器，此外还有少量的外国兵器。从分类来说，现存故宫的武备器具可分为冷兵器和热兵器两类，包括甲胄、弓矢、枪具、刀剑、炮等。材质上则有钢、铁、铜、木、动物皮革、象牙、骨等。这些武备器具是清代数百年军备盛衰交替的历史见证，也是当时特殊历史背景下中国传统武器装备与世界兵器发展融合的缩影。

20. 帝后玺册藏品。玺印是凭证工具之一。在国家层面、公务层面与个人层面，均需要特殊的印记作为凭证，这便产生了各种官印、私印，之后代代相承，未曾间断。故宫收藏有玺印5000件，这其中很大一部分是明清的帝后玺印和册宝，完整地向人们展示了明清时期官方的玺印制度以及一些帝后的个人雅好。

21. 铭刻藏品。有文字的文物比没有文字的文物记载了更多历史信息，因此故宫博物院所藏的49000件铭刻是非常重要的一类文物。“铭刻”一词包含了铭文和镌刻这两个方面的内容，其中包括了商代的甲骨刻辞、商周的铜器铭文，以及自战国以来的印章、砖瓦、陶器、封泥、刻石、碑和帖等，其上的文字皆属于铭刻的范畴。这些铭刻类文物中还有10面石鼓，可谓国宝中的国宝。这10面石鼓是记载了中国早期文字的实物，其流传经过也极为曲折，能够保存至今实属不易。为了这10面石鼓，我们故宫博物院专门建有“石鼓馆”，之前是在皇极殿东庑，现在独

图上左 南北朝 任叔达妻袁氏墓表

图上右 任叔达妻袁氏墓表拓本

图下 商 铭文甲骨

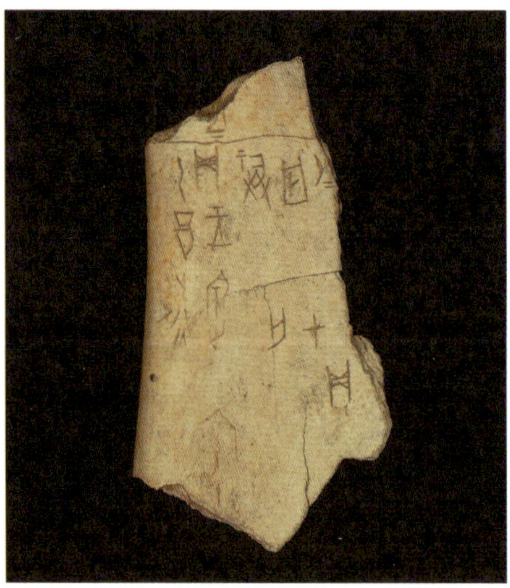

立设置在了宁寿宫。

此外，如果之前查询过故宫博物院网站的话，可以看到，故宫博物院收藏有 4700 片出土于河南安阳殷墟的甲骨，实际上故宫博物院收藏有23000片甲骨，但是需要6年时间才能全部在研究后列入藏品序列。这些商代的甲骨刻辞是刻在龟甲和兽骨上的文字，习惯上称之为甲骨文。目前，全世界已经发现的甲骨文字大约有5000个，更多的字还在释读当中。故宫博物院所藏的这些甲骨，著录于《殷墟书契续编》《卜辞通纂》《殷契佚存》《殷契拾掇》《殷契拾掇二篇》《甲骨文合集》等书中，均是我们历史长河中的无价之宝。

22. 外国文物藏品。故宫博物院还有部分清宫旧藏的外国文物，多产自英国、法国、德国、瑞士、美国、日本等国，类型有漆器、陶器、瓷器、玻璃器、绘画、书籍、家具等，时间范围上到16世纪、下到20世纪，其中以18、19世纪居多。在所有的文物中，日本文物的数量和种类都居首位。这些外国文物带有十分鲜明的地域特色，展示了所属国的文化，同时也反映了中国和其他国家地区的交流情况。

23. 其他文物藏品。主要是清宫旧藏的近晚及现代生活类用品。

24. 古籍文献藏品。故宫博物院成立之初，设置古物、图书两馆，图书馆下设图书、文献二部，文献部于1929年独立为文献馆，由此三馆鼎足而立。

故宫博物院藏书以流传有绪的清代宫中旧藏为主要特色。其渊源可上溯至宋元，风格特色鲜明。虽因历史原因多有流散，但仍荟萃了珍稀精品。其中，尽善尽美的武英殿刻本、明清内府精抄本，品种繁多的历代佳刻、地方史志及满、蒙、藏等民族文字古籍等，均为善本旧籍之属；而异彩纷呈的帝后服饰图样、皇家建筑图样、旧藏照片、昇平署戏本和陈设档案，以及佛释经籍、皇帝御笔和名臣写经等，统为特藏之属。

唐 旋风装《刊谬补缺切韵》

故宫博物院收藏有约60万件古籍文献，包括武英殿刻本、元明清佳刻、明清抄本、地方志、宫中特藏、宫中档案、内府戏本、民族文字古籍等。这其中有24万件书版非常重要，所以故宫博物院也是世界上收藏书版文物最多的博物馆。

25. 古建藏品。紫禁城南北长961米，东西宽753米，四面围有高10米的城墙，城外有宽52米的护城河，真可谓有金城汤池之固。紫禁城有4座城门，南面为午门，北面为神武门，东面为东华门，西面为西华门。城墙的四角，各有一座风姿绰约的角楼，民间有“九梁十八柱七十二条脊”之说，形容其结构的复杂。紫禁城内的建筑分为外朝和内廷两部分。外朝的中心为太和殿、中和殿、保和殿，统称三大殿，是国家举行大型典礼的地方。三大殿左右两翼辅以文华殿、武英殿两组建筑。内廷的中心是乾清宫、交泰殿、坤宁宫，统称后三宫，是皇帝和皇后的正寝宫殿。其后为御花园。后三宫两侧排列着东、西六宫，是后妃们居住休息的地方。东六宫东侧是玄穹宝殿等佛堂建筑，西六宫西侧是中正殿等佛堂建筑。外朝、内廷之外还有外东路、外西路两部分建筑。

除了品类齐全，故宫博物院的文物还有一个鲜明的特点，就是从历史脉络来看，藏品的重要类别都是历史序列整齐的，例如纵观馆藏历代陶瓷可以窥见中国陶瓷发展史，玉器收藏上迄新石器时代，下至清末没有断档等。在这一点上，世界上没有哪个博物馆是可以与之媲美的。

第四话 历代珍宝说源流

不少人认为故宫博物院的文物藏品基本是明清时代的遗存，这既是事实，也不完全是事实。虽然故宫博物院的文物藏品中 86.9%为清宫旧藏，但是其中有数十万件文物藏品为明清以前的早期文物。故宫博物院藏品的主要来源之一是清宫旧藏，这也就奠定了故宫博物院在明清文物收藏方面的优势。实际上，故宫博物院藏品是各个时期、各个地域文物精品的汇集，即使是清朝皇帝的收藏，也往往都是历史悠久的前朝文物。

历史上，故宫博物院部分文物藏品经历过南迁，其中一些南迁文物藏品运往台湾的历程已为世人熟知，但是不少人以为当年故宫博物院

第一批南迁文物装箱情形

的所有文物都实施了南迁，这是个误解。当时，各个陈列室维持正常的开放与参观，本就需要一定数量的展品。而故宫博物院各库藏品数以百万计，大部分仍保存于原处未动，有的甚至整座库房的文物藏品均未南迁。根据民国时期北平故宫博物院的多次清点数据，留存北平的文物藏品多达 118.9 万余件，更有数量庞大的明清档案，数量为南迁文物的 20 余倍。

1949年以后，为了促进博物馆事业的长足发展，在国家的大力支持下，故宫博物院也开展了大规模的藏品征集。藏品征集是任何一家博物馆都十分重视的业务，是让自己的馆藏不断丰富的重要途径之一。故宫博物院的藏品征集有如下几个方式：田野采集、考古发掘、接受捐赠、购买、民间征集、接受拨交或移交等。

这里我要重点说一下接受捐赠这种非常重要的征集方式。

建设故宫博物院仅靠少数人的努力是肯定不够的。故宫博物院的建设长期以来得到了大众的支持，社会有识之士和民众对故宫博物院也有大量的捐助，例如捐赠私人藏品等。自建院以来，已有700多人向故宫博物院捐赠了珍贵藏品，故宫博物院也为此设立了捐赠榜——景仁榜，对

这些捐赠者进行表彰。近些年，故宫博物院陆续接受的文物捐赠，对故宫博物院的发展，文物保护事业的进行有着重大的意义。

故宫博物院希望社会公众能够了解这些捐赠行为，所以每次捐赠我们都会大力宣传。捐赠宣传有多种形式，一方面是召开媒体发布会，另外一方面就是定期举办捐赠文物展览。故宫博物院将景仁宫专门开设为捐献馆，把受赠文物中的部分精品向社会公众展示，还通过出版物和纪念文章，也包括周年纪念等方式，使人们铭记这样的善举。对于一些重要藏品，例如历史上经抢救回归故宫的文物藏品，我们在出版或者展览陈列时都要标注捐赠信息。总之，故宫博物院在今后的建设中，也要继续依靠全社会的力量，达到“众人拾柴火焰高”这样一种效果。

予所收蓄 永存吾土——张伯驹先生诞辰120周年纪念展

故宫博物院仍然在不懈地征集、汇集文物，但是我们也有严格的收藏原则。如果是因为种种原因从清宫流失出去的文物，尤为珍贵，故宫博物院希望能够接受捐赠，对于一些重要的文物还可以出资购藏。例如十几年前故宫博物院就抓住机遇，购藏了张先《十咏图》及《出师颂》《研山铭》等珍贵书画藏品。

纵观故宫博物院接受捐赠的历史可以发现，实际上我们接受捐赠的文物藏品以古代艺术品居多，特别是与故宫文化有关的文物。例如香港世茂集团董事局主席许荣茂先生在2018年捐赠的《丝路山水地图》，成为故宫博物院的珍贵文物藏品。但是，对于当代艺术品，我们则持比较

明 《丝路山水地图》

代表故宫博物院接受许荣茂先生捐赠《丝路山水地图》

慎重的态度。

有人说，故宫博物院是接受藏品捐赠最严苛的博物馆。故宫博物院对接受当代艺术品捐赠确实有三项规定：第一，捐赠的书画作品或艺术品，一定是在全国甚至世界上具有影响力的艺术大师的作品。第二，捐赠作品不仅是艺术大师的原作，而且还要是大师的代表作品。第三，无论艺术大师名气多大，故宫博物院只接受其 10 件以内的当代艺术品捐赠。这样规定，是为其他文化机构提供收藏机会，同时我们也希望故宫博物院在两百年、两千年以后，所拥有的文物藏品仍然是各个历史时期最好的艺术

代表故宫博物院接受崔如琢先生捐赠

品。故宫博物院的做法也为其他博物馆征集文物藏品留有更多余地，如果大量当代艺术品收入故宫博物院文物库房，由于展示空间有限，得不到展出的机会，那么也就起不到社会教育和文化传播的作用。

第五话 文物库房揭面纱

目前，故宫博物院的展厅主要分布在故宫古建筑中，受展出空间和条件的限制，展出文物约30000余件，仅占故宫博物院文物藏品的2%，无法全面向社会公众展示故宫博物院院藏文物的整体面貌，尚有很多珍贵的文物在故宫博物院的文物库房内“沉睡”，故宫的文物库房是什么样子的？文物在库房中是怎样被保存和维护的？许多观众朋友都有类似的疑问。

故宫博物院的文物库房有地面文物库房和地下文物库房。地面文物库房，有些是老式宫殿库房，也有近代出于文物保管的需要而兴建的大型库房，比如宝蕴楼、延禧宫文物库房等。然而大部分地面文物库房

图上 宝蕴楼修缮前

图下 视察故宫博物院二期地库

在冬春风沙、夏季高温酷暑的自然条件下，防火、防盗、防尘、防震等条件均达不到文物保管的要求。20 世纪 80 年代，经过领导批示和专家论证，故宫博物院开始建设地下文物库。这是中国第一座地下文物专用库，一期工程建筑面积为 5000 多平方米。二期工程于 20 世纪 90 年代完

工，建筑面积达17000平方米。建成后，陆续有90万件文物入藏地下库房，这里的恒温恒湿、防震抗灾等技术设备为文物存储创造了更好的条件，做到了还文物以尊严的承诺。

2012年，故宫博物院启动为期8年的“平安故宫”工程，以故宫古建筑群保护和故宫博物院藏品保管为中心，全面布置七项重点工程，即故宫博物院北院区建设、地下文物库房改造、基础设施改造、世界文化遗产监测、故宫安全防范新系统、院藏文物防震和院藏文物抢救性科技修复保护。

其中，地下文物库房改造工程正在进行三期库房的建设，建成后我们地下库房将由过去的22000平方米扩展到现在的28000平方米，竣工以后约20万件当下“住”在地面古建筑内的文物将按不同类别、不同等级，入藏各自适宜的恒温恒湿地库。也就是说，地库保存的藏品数量将

在故宫博物院地下库房改造暨通道工程启动仪式上讲话

由90万件上升到110万件。我们还要建一个通道，从地下沟通故宫博物院文保科技、修复和库房之间的联系。

另外，正在筹备的故宫博物院北院区建成之后，一些适宜地面存放的文物也将在北院区得到妥善的保管，并考虑参考南大库的仓储式展示模式，与公众见面。这样可以有效解决院藏大量大型珍贵文物，如大型家具、大幅地毯、巨幅绘画、卤簿仪仗等，因场地局限而长期无法得到及时、大规模的科学保护和有效展示的问题，同时把传统文物修复的技艺，即非物质文化遗产展示给公众。相信届时前来参观的观众，都会被故宫文化的魅力深深吸引。

在2020年，我们将完成文化遗产完整保护、环境质量稳步提升、安防设施全面覆盖、开放区域适度扩大、文物库房功能改善、文物藏品保护修复的六大目标，并最终实现将壮美的紫禁城完整地交给下一个600年的历史使命。

在故宫博物院北院区项目启动仪式上接受媒体采访

第六话 两大工程保平安

故宫，是世界上现存规模最大、保存最完整的古代宫殿建筑群，是中国首批世界文化遗产。故宫博物院是世界上收藏中国古代文物数量最多、价值最高的博物馆，同时也是世界上观众来访数量最多的博物馆。故宫博物院拥有文物保护、学术研究、文化展示、国际交流等多元文化身份，因此文化遗产的保护管理面临非同一般的严峻挑战和巨大压力。

故宫文化遗产由古建筑群和文物藏品两大物质实体，以及丰富的非物质文化遗产组成，共同构成不可分割的整体。故宫博物院所保护的古建筑群，以紫禁城为主体，包括端门、大高玄殿等明清皇家建筑群，总

《故宫保护总体规划大纲》

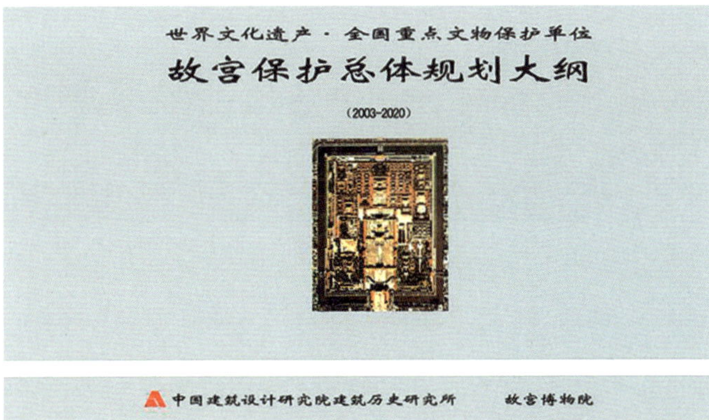

建筑面积23万平方米。故宫博物院所保管的文物藏品，包括中国历代艺术精品、明清宫廷历史文物，以及相关明清档案等，共计186万件。《故宫保护总体规划大纲》当中的一项重要内容，就是以故宫历史使用功能为依据，全面调整故宫博物院各项功能的空间布局，合理协调文化遗产保护与利用之间的关系。

目前，故宫博物院正在全面实施两项重点保护工程：

一是为时18年的故宫古建筑整体维修保护工程。全部古建筑群将通过修缮得到合理利用，使故宫博物院的开放区域由过去的30%，扩大到85%以上。故宫古建筑整体维修保护工程是自1911年以来的100余年间，规模最大、范围最广、时间最长的一次故宫古建筑维修保护。为了更好地传承故宫官式古建筑营造技艺，保证工程质量，故宫博物院已将维修保护工程提升为“研究性保护项目”。“研究性保护项目”的实施将使古

2004年故宫中轴线古建筑维修工程开工仪式

建筑修缮脱离一般建筑工程项目的管理模式，将科学研究放在更加重要的位置，确立了实施进度服从保护质量的原则。合理制定文物修复专家的退休返聘制度，留住经验丰富、技艺超群的老师傅，同时抓紧推动建立官式古建筑营造技艺人才培养机制，培养新人以传承官式古建筑营造技艺。

二是为时8年的“平安故宫”工程。开展“平安故宫”工程的目的，是彻底解决故宫博物院存在的火灾隐患、盗窃隐患、震灾隐患、藏品自然损坏隐患、文物库房隐患、基础设施隐患、观众安全隐患七大安全问题，旨在全面提升故宫博物院的文化遗产保护、展示传播和观众服务能力，实现对故宫的完整保护和故宫博物院的可持续发展。“平安故宫”工程的主要内容包括故宫博物院北院区建设、地下文物库房改造、基础设施改造、世界文化遗产监测、故宫安全防范新系统、院藏文物防震、院藏文物抢救性科技修复保护等七个子项目。这些项目目前都取得了阶段性成果。“平安故宫”工程正在向2020年的中长期目标迈进。

紫禁城已经走过近600年岁月，积累了丰富的文化瑰宝。1925年建院到现在，故宫博物院也历经了95个春秋，一代代“故宫人”为了保全、

《『平安故宫』工程项目总体方案》

保护故宫文化遗产，付出了极其艰辛的努力。"在保护中发展、在发展中保护"是"故宫人"一以贯之的理念。看护好故宫博物院的文物珍品、看护好故宫的古建筑群、看护好故宫世界文化遗产，传承和发扬"故宫精神"，这是我们每一代"故宫人"的职责所在，也是永恒的使命。

文物是有生命的存在，我们相信高科技手段和传统工艺技术的结合，能够更好地延续故宫古建筑群的生命历程，让故宫传统文化"活"起来。我们希望故宫博物院的文物保护，无论在古建筑还是文物藏品领域，能够形成一个经过实践考验的"研究性保护"体系。不是仅凭传统经验，而是把传统经验作为最重要的要素，再加上科学技术合理应用进行传承。未来故宫博物院还将不断探索新的方式，借助互联网和新技术的平台，把故宫博物院所拥有的优秀文化资源分享给公众，把故宫博物院所蕴含和代表的优秀传统文化留给年轻人，留给未来。

第七话 『我在故宫修文物』

故宫博物院拥有的文物修复保护技艺类别众多，这些技艺是经历世代传承延续到今天的。例如，古书画装裱修复技艺距今已有1700多年历史。唐宋时期，宫廷装裱已形成十分严格的样式。明清时期，又形成了以京城为中心的“京裱”和以苏州为中心的“苏裱”，而宫廷造办处则集两大派别的优点为一体，形成独具特色的装裱修复技艺。再如，早在春秋时期，青铜器铸造已达鼎盛，青铜器的修复与复制技艺随之产生。明清时期，青铜器修复领域出现不同派别，故宫博物院的青铜器修复技艺，源自“京派”的“古铜张派”。如今，官式古建筑营造技艺、古字

图上左 官式古建筑营造技艺被评为『国家级非物质文化遗产』

图上右 古字画装裱修复技艺被评为『国家级非物质文化遗产』

图下左 青铜器修复及复制技艺被评为『国家级非物质文化遗产』

图下右 古书画临摹复制技艺被评为『国家级非物质文化遗产』

画装裱修复技艺、青铜器修复及复制技艺、古书画临摹复制技艺等，已先后被列入国家级非物质文化遗产。

20世纪50年代，故宫博物院组建了文物修复工厂。80年代，文物修复工厂扩建为文保科技部，成为专门从事文物保护、修复和研究的部门。以往，文物进入文保科技部修复，只附带修复单，记载文物号、伤况、文物名称、送修人、需要修复部位等几项简单的信息。近年来，故宫博物院文保科技部开始建立详细的文物修复档案。任何进入文保科技部进行修复保护的文物，首先需要对其状况进行详细记录。文物修复前、修复中和修复后的情况，通过拍摄高清晰对比图进入档案。今天，累积研究数据成为文物修复保护非常重要的环节。

2016年，一部名为《我在故宫修文物》的纪录片，在社会上，特别是在青年学子中产生了广泛的影响。这部纪录片讲述了博物馆文物藏品保护修复工作这一博物馆“背后的故事”，也将坚守在文物保护修复岗位的专家群体，和他们锲而不舍、默默奉献、一丝不苟、精益求精的精神，呈现在广大观众和社会公众面前。

如何应对社会公众对于文物保护前所未有的热情关注？如何在文物保护修复过程中最大限度地保留历史信息？如何使现代科学技术与传统

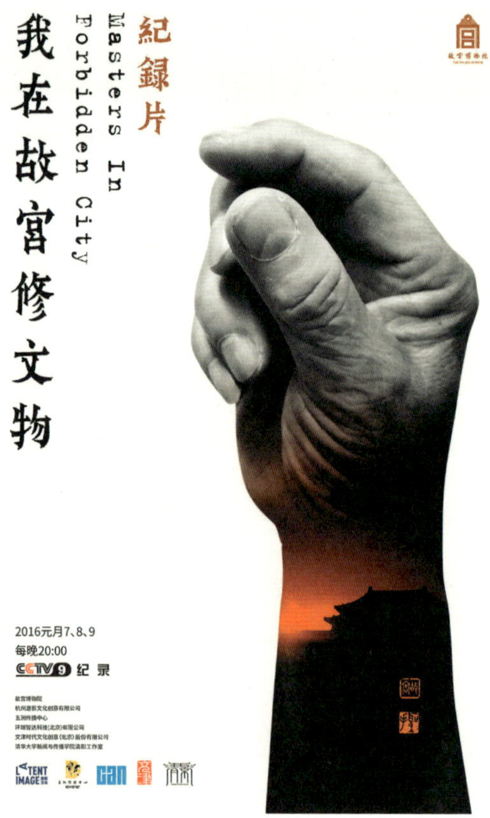

《我在故宫修文物》海报

修复技艺在文物保护修复过程中有机结合？如何在公众关注的目光中普及文物保护修复的正确理念和科学知识？如何使社会公众对于文物保护的知情权、参与权、监督权和受益权得到保障？如何使世代传承的“工匠精神”得到坚守并在社会生活中得以弘扬？为解决这些问题，故宫博物院积极筹建了故宫文物医院。

故宫博物院在2016年建立了全世界第一所文物医院——故宫文物医院。以往，世界各地的医学都是传统医学，医生凭借自己的经验为病人治病。直到19世纪中叶，科学家将实验室里的科学仪器引进医学领域，由此奠定了现代医学的基础。建立故宫文物医院的倡导者、故宫博物院副院长宋纪蓉博士认为：“如果说传统的文物修复技艺是‘中医’，现代的科学技术则是‘西医’，要建立拥有现代科学理念的文物修复医院，必须中西医结合，标本兼治。”而“得天独厚的传统文物修复技艺，加上现代的科学技术，使故宫博物院有能力构建一所有现代科学理念的文物修复‘全科医院’”。

故宫文物医院是一组长361米的建筑，配置了200名文物医生。大博物馆一般有50名左右的文物医生，故宫文物医院有200名，为什么呢？60%的文物医生是进行分析、检测、探伤这些科学研究的人员，研究报告出来以后才可以开始进行修复。故宫文物医院是对外开放的，公众需要有知情权，他们应该知道我们怎么对待文物，我们采取什么样的技术和方法来修复文物。

文物医院的修复现场有了更好的条件，这些建筑构件、器物都可以在检测好的情况下再开始进行修复。比如一件进行修复的青铜器是商代

的，我们要首先知道它是什么年代的，在什么地方出土，历代在它身上叠加了什么信息，它的合金比例是什么，它今天得了什么病，它的有害锈属于哪一种，详细诊断以后，我们的文物修复专家才能进行预防性的保护甚至抢救性的保护。

为此，故宫文物医院购置了成套的设备，比如分子结构分析的设备，三维打印的设备，热性能、物理性能的设备，价格最贵的一台是文物专用的CT机，也是体量最大的，还有热场发射电镜系统、造纸纺织联用纤维分析仪、高精度可移动实体显微镜、大样品室X光线荧光能谱仪和荧光扫描系统，100多台最先进、最实用的专业仪器设备加入以后，故宫博物院的文物修复和保护如虎添翼。

我举两个例子。故宫博物院的古书画修复技术是世界上最好的，历经多少代传承。但是我们会遇到一些难题，例如在修复乾隆花园的时候，里面有一个最高的建筑叫符望阁，符望阁里面有一面墙，墙上有一幅大画。但是这幅画70年前堆落了下来，我们的工作人员把它包起来妥善收存，准备以后再修复。现在要修了，打开一看碎成上千片，故宫博物院的文物医生就在计算机和辅助设备帮助下，用了3个月时间将这幅画拼兑了起来，又用了1年多的时间修复好，才知道原来它是清朝非常著名的学者，也是《石渠宝笈》著录人员董诰画的一幅作品。

有一件青铜器出土的时候已经碎成了200多片，没办法进行研究，但是在无损探伤设备的支持下，居然在最大一块铜片的铜锈下面发现了20多字的铭文，原来它是两千年前春秋时期一个非常重要的鼎，今天文物医生把它修复好了。

故宫博物院建立起一所全面、完备、科研与临床并重的故宫文物医院，旨在使世代传承的“工匠精神”得到坚守，并在社会生活中得到弘扬。故宫博物院的文物藏品类别丰富多彩，因此保护修复的过程必然千差万别，研究的内容、涉及的学科、采取的技术极其复杂。在故宫文物医院里，实现了现代科学技术与传统修复技艺在文物修复保护过程中有机结合。每一件被陈放在文物库房、陈列于文物展厅的文物藏品和展品，都拥有各自的生命历程。它们的本体上积淀了大量珍贵的历史信息，也经历过一些鲜为人知的历史事件。因此，需要在文物保护修复过程中更多地保留这些历史信息，深入揭示这些历史事件。要实现这一目标，文物修复不能仅仅是部门的、行业的、专业的工作，而应该是跨部门、跨行业、跨专业的综合性工作。因此，文物修复不应是一个封闭的领域，而应是多学科融合的开放系统。

篇二

详话展览

详话展览

第八话 稀世遗文存石鼓

石鼓馆地点在宁寿宫。

石鼓是一组刻有文字的巨石，外形上细下粗，顶微圆，类似鼓（实为碣状），共10只，每只重约1吨，花岗岩材质。于公元627年于凤翔府陈仓境内的陈仓山，也就是今天的陕西宝鸡石鼓山出土。

每只石鼓上刻诗1首，石鼓上的文字也被称作石鼓文，是大篆的一种。石鼓文是迄今为止发现的我国最早的石刻文字。主要记载了秦国君主外出游猎的场面，所以也被称为“猎碣”。诗中所写的内容非常生动活泼、有画面感。开头写道：“吾车既工，吾马既同。吾车既好，吾马

既骓。”意思是我们的车已经整修完成，我们的马也配齐了。我们的车非常坚固，马也非常健壮。人们脑海中立刻就会浮现一个车马整装待发的场面。后面又写到，队伍打猎的过程中发现了许多麋鹿、野猪、兔子等目标，君主见状下令“执而勿射”，也就是将猎物捉住，不要射杀。再后面一句是“多庶跃跃，君子攸乐”，君主看着众人连忙上前追逐野兽的慌乱情景捧腹大笑，就更具有画面感。

所以说石鼓蕴含着多方面的丰富价值，石鼓文所记录的政治、外交、祭祀等有关内容，对研究秦国当时的社会生活提供了重要的史料，无论在历史上，在文学史上，在文字发展史上，还是在书法艺术史上都占有十分重要的地位。以此一类（共10件）文物专门设立独立展馆进行展示，这在故宫博物院的展览中独一无二，足见其价值的重要与珍贵。

图左 先秦 石鼓

图右 石鼓文拓本

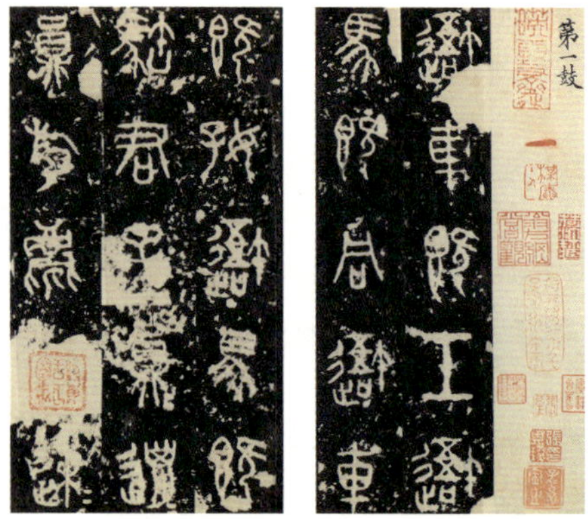

石鼓馆的陈列与其他展览相比有两个突出的特点，首先，是对每篇石鼓文的释文释义，尽可能地综合了学术界的最新研究成果；其次，石鼓文是古代文字，一般观众难以识读和理解，因此采用“白话解说”的方法，并附以英文翻译，尽量帮助中外观众了解石鼓文的内容。使展览既保持严格的学术准确性，让观众得到正确的知识，又注重面向大众的通俗性，能为大多数中外观众所理解。

新石鼓馆在策划上，立足于石鼓文化，探索石鼓文的累世变迁，构建通俗易懂的展览框架，揭示石鼓穿越千古的泱泱风采，述说凝聚史诗的无形遗产。

新馆的展厅依据石鼓展的整体策划，分为两部分。正厅系统地展示石鼓与石鼓文的面貌，每个石鼓陈列橱柜的背后是石鼓文新旧拓本的图片展示和相对应的释文。东厅作为多媒体展示空间，以新科技手段为辅助全方位地展示石鼓文化，使观众走进人类古代文明。展览在平面布局上采用了组合式、开放式设计，兼顾石鼓的空间组合、文化内涵的美学

图上 石鼓馆展厅

图下 石鼓馆中的『乍原』石

展示和无形文化遗产的视觉表现，将10件相对独立的石鼓组成一个完整的陈列体系，注重内容与形式的统一、景物与意韵的统一、视觉与听觉的统一，呼唤石鼓的历史回声、艺术生命和百代沉思。

第九话 墨笔丹青耀文华

中国书法与绘画艺术源远流长，虽然是两个独立的艺术门类，但它们同样使用笔墨纸砚来创作，同样追求抒情写意的审美意趣，同样是文人士大夫阶层用以抒怀言志的艺术表达。在书画艺术数千年的发展中，往往书中有画，画中有书，相辅相成，相得益彰。故宫博物院书画馆将这两种艺术作品汇聚一堂，向观众展出。

故宫博物院书画馆暨“故宫藏历代书画展”于2008年4月21日在武英殿开幕，当时是故宫博物院的常设展览之一，备受广大观众的欢迎和喜爱。故宫博物院收藏的中国古代书画作品极为丰富，既有晋、唐、

宋、元的名迹，也有明清各书画流派的佳作，能清晰反映中国古代书画艺术的发展脉络。由于书画类文物多以纸、绢等材料为载体，不适宜长久展陈，因此每年展出两期，共九期，循环展出，将众多深藏宫中难得一见的书画国宝展示给广大观众。该展览以中国美术史的脉络来展示院藏古代书画，所选展品均为我国美术史上的经典之作。

展览分为“晋唐宋元书画”“明代书画”和“清代书画”三大部分。每一部分都以这一历史时期的绘画特点、画风转变、主要流派和代表画家为展示重点，每一件作品都具有很强的代表性。展览较为完整地展现了中国美术史体系，既适于一般观众普及美术史知识，也为专家学者与高等院校相关专业学生的学术研究提供实物参考。

书画馆如今移至文华殿，展览除重组“故宫藏历代书画展”的精华

故宫藏历代书画展海报

故宫藏历代书画展
Dynastic Paintings and Calligraphy in the Palace Museum Collection
Painting Gallery, Hall of Martial Valor (Wuying dian) the Palace Museum
地点 故宫 武英殿 绘画馆
第六期 2013.5.17 – 7.16
第七期 2013.9.4 – 11.13

图上 书画馆展厅
图下 文华殿

展品之外，也将以画派、专题等更为多样的形式为观众呈现更加精彩的展览。

第十话　质韫珠光陈武英

陶瓷馆改陈在武英殿。故宫博物院的陶瓷类藏品总计37万件，明清两朝皇宫旧藏是故宫博物院陶瓷类文物的基础，加上几十年的征集，更为充实壮大。陶瓷馆藏品自上古至明清，以时间为序，向观众呈现中国陶瓷悠久而灿烂的发展历程。

中国是一个文明古国，在漫长的历史长河中，陶瓷是中华文明皇冠上一颗熠熠生辉的明珠。新石器时代早期，我们的祖先就在中华大地上发明了制陶术，使我国成为世界上最早制作和使用陶器的国家之一。

在距今三千多年前的商代中期，人们在烧制陶器的过程中不断改进

工艺技术，并在表面上釉，创造了原始瓷。到了距今约一千八百年的东汉时期，以越窑为代表的南方青釉瓷的成功烧制代表真正意义上瓷器的出现。这是人类文明史上的光辉一页。从红陶、灰陶、彩陶、黑陶、白陶到原始瓷、青瓷、黑瓷、白瓷以及五光十色的颜色釉瓷和色彩缤纷的釉下彩、釉上彩瓷器等，中国陶瓷历经一万多年绵延不断的发展，成为世界工艺史上浓墨重彩的一笔。

中国陶瓷在唐代就远销海外，在世界各国刮起中国瓷器的旋风。中国的制瓷技术对许多国家的陶瓷生产均产生过深远影响，有力地推动了

图上 陶瓷馆展厅

图下 宋 官窑粉青釉瓶

明 斗彩鸡缸杯

世界陶瓷文化的发展。中国也因此有了“瓷国”之盛誉。

故宫博物院堪称中国最大的古代艺术品宝库，其中收藏陶瓷类文物约 37 万件，而且绝大部分属于清宫旧藏，可谓自成体系，流传有绪。特别是经过几代专家的研究鉴定，使其具备了较高的真实性和可靠性。陶瓷馆改陈后，文物数量由原来的 400 件增加到 1000 件，按时代发展顺序予以展示，供观众朋友们鉴赏研究。

第十一话 皇权象征镇承乾

青铜器馆位于承乾宫。故宫博物院藏历代青铜器15000余件，其中仅先秦有铭文的青铜器就有1600余件，精品甚多。青铜器馆力图展现中国青铜文化与皇室文化的内在联系。

我国大件青铜器在夏代晚期开始出现，到商代前期和商代后期，出现了大量气势恢宏、纹饰繁缛的呈组合式的青铜器。进入西周、东周时期，出现了一批具有长篇历史事件铭记的青铜器。

青铜器的出现在人类社会生产力的发展史上具有划时代的意义。青铜器的制造和发展绵延不断，渗透社会生活的方方面面，从生活用品、

生产工具到礼器、乐器、兵器等，对中国古代的社会生活产生过重大影响。鼎彝或列于宗庙，或随葬于墓室，称为“礼器”，是先秦贵族等级身份的标志。这种制度至西周臻于完善，称为“周礼”。

随着铁器的广泛使用，青铜时代结束，但青铜礼器作为先秦时期权力和等级的象征，备受历代帝王尊崇。自汉代以来，地不爱宝，青铜礼乐器时有出土，被视为国之祥瑞，逐渐成为皇家的重要典藏。

宋代王室曾集宫中所藏编成《宣和博古图录》。清代乾隆年间，则

图上 青铜器馆展厅
图下 战国 平阳方足币

西周 芮公壶

将宫中所藏青铜器先后辑录为《西清古鉴》《西清续鉴甲编》《西清续鉴乙编》《宁寿鉴古》等图录。青铜器馆陈列展出的青铜器精品，以时代为序，力求展现青铜器与皇室文化的内在联系。

第十二话 法相庄严佑慈宁

雕塑馆地点在慈宁宫区域。

故宫博物院馆藏古代雕塑文物，品种齐全、工艺精美，具有较高的历史与艺术价值，但没有一个专门的场所进行集中展示。2015年，修缮完成的西部区域对观众开放，慈宁宫区域被设为雕塑馆，重点展示佛像、陶俑、陵墓雕刻等文物，意在将院藏雕塑精品展示给观众，使参观者对中国古代雕塑的发展历程有一个较为全面、客观的认识。

慈宁宫区域主殿和东西配殿共设置4个主题展览，展出约400件雕塑文物，年代跨越战国到清朝，对于这些首次亮相的大体量文物，故宫博

物院首次采用“裸展”的方式进行呈现。其中慈宁宫主殿展出40余件院藏雕塑中的精品，均为难得一见的珍贵文物。

雕塑馆展览包括慈宁宫、大佛堂、慈宁宫东庑、慈宁宫西庑、大佛堂西庑5个展室。

慈宁宫展厅为精品陈列室，展示文物皆为故宫博物院藏品中遴选出的精品。尤其值得关注的是东汉永和五年（140）石羊、北齐石佛像及菩萨像、唐开元二年（714）陶俑、北宋木雕彩绘贴金观音像、清代银镏金六世班禅像、清代泥塑彩绘雍正帝像等，均为难得一见的稀世珍品。

慈宁宫西庑为古代陶俑陈列室，展品年代起自西汉，止于明朝，以两汉、魏晋南北朝、隋唐陶俑为主。

慈宁宫东庑为曲阳佛教造像陈列室，曲阳造像以质地洁白、雕刻精美、多具发愿文等特点成为河北地区佛像的代表，堪称中国重要的佛教寺院考古发现之一。大佛堂明间及东暖阁为古代佛教造像陈列室，展示不同质地的古代佛教造像，有铜、泥、瓷、石、木、夹纻多种，展品年代始自十六国时期，止于清朝。

慈宁宫后殿的大佛堂明间及其东暖阁为佛教造像馆。大佛堂佛教造像馆展示的藏品分成两个部分，其中明间展示的是不同时期、不同材质，从而呈现不同艺术风格的佛教造像70尊。比如有西晋的青瓷佛像，北魏的泥塑彩绘供养菩萨像，唐代的善业泥、石比丘像，宋、辽、金、明、清各代的木雕佛、菩萨、罗汉像，明代夹纻佛像，明清德化窑白瓷

塑像，以及清宫旧藏的寿山石十八罗汉像等，充分显示出故宫博物院在佛教造像文物收藏方面的全面与多样。大佛堂东暖阁展示的是金铜质地的佛教造像74尊，始自十六国时期，迄于清代，分为汉地佛教造像和藏传佛教造像两类，精品迭出。尤其值得关注的有十六国时期的铜菩萨像、南朝梁大同三年（537）的僧成造铜弥勒佛像、唐代铜鎏金卢舍那佛像、大理国铜鎏金千手千眼观音像、明代石叟制作的各类铜像，以及明代永乐、宣德款的宫廷金铜造像等。

大佛堂西庑为砖石画像馆展室，展出画像石与画像砖62件，均为中华人民共和国成立以后入藏故宫博物院的文物。展品包括石像生、画像石、画像砖、砖雕等。画像石与画像砖是中国古代雕塑的重要组成部分，

题材包括耕种、狩猎、战争、车马出行、庖厨、宴乐、帝王将相、圣贤隐士、列女孝子、仙神异兽、建筑物、天体、自然景物、装饰图案等。在这里可以欣赏到汉代艺术唯美流畅的曲线，神仙世界热闹喧嚣的场景，生动形象的家居厨房，还有16块宋代二十四孝题材的砖雕，古代工匠们以砖石为布，以锤凿刻刀为笔的创作，让观众感受千百年前匠人的精神世界。

中国古代工匠虽然创作了大量雕塑作品，但是受传统意识形态的制约，这些珍贵的雕塑作品长期被视为“器”，未引起人们的重视。故宫博物院从建院开始，就有意识加强雕塑艺术品的收藏。特别是中华人民共和国成立以后，通过接受社会捐赠、考古发掘、与国内各博物馆相互调剂等多种途径，丰富了自己的藏品。加上明清宫廷原有的收藏，故宫博物院雕塑文物庋藏臻于系统全面。1958年故宫博物院曾在奉先殿建成了我国博物馆历史上第一个专题性质的雕塑馆，受到各界的关注与好评。此次雕塑馆的全面开放，故宫博物院在继承传统、吸纳新研究成果的基础上，为广大观众全面、客观地认识中国古代雕塑发展历程提供了鉴赏与学习的场所。

第十三话 金昭玉粹宝光寒

珍宝馆地点在宁寿宫东庑南、北屋。故宫博物院收藏的清代宫廷珍宝，大部分是紫禁城内掌管营造的机构——造办处奉旨制作的，还有一些则是逢年节庆典时地方官吏的进贡之物。这些珍宝大都选用金、银、玉、翠、珍珠及各种宝石等名贵材质，征调各地著名匠师设计制造，竭尽巧思，不惜工本，一器之成往往经年累月，其制作工艺代表了当时的最高水平。在应用上，广泛涉及宫廷典章礼制、宗教祭祀、日用生活及休闲玩赏等各领域的活动，处处显示出皇权的至高无上与尊严，皇家的雍容华贵与典雅，具体细微地折射出那个时代的风貌。

故宫博物院珍宝馆自1958年7月1日正式对外开放以来，迄今已有半个多世纪，其间经过5次大的改陈、数次小的调整。随着时代的发展、社会的进步，观众对博物馆陈列的形式、内容都提出了新的期待和要求，而与陈列展示相关的新材料、新工艺、新理念的出现，又为博物馆改陈提供了技术保障。珍宝馆作为故宫博物院展示皇家文化和艺术的最重要的窗口之一，无论展陈的布局、形式还是内容都需要重新设计和制作。

珍宝馆改陈第一期以珠宝类文物及金银器文物为主，展品为金银、玉石、玛瑙、珍珠、象牙、犀角、珊瑚、玳瑁等质地的文物，同类材质文物集中展示，并对每一件文物的功能与文化内涵予以深入揭示，力求使陈列环境、内容、形式有机结合。展示明清时期，特别是清代传统工艺所达到的新高度，引进的新技术、新工艺及取得的新成就，使观众得以窥见明

图上 珍宝馆展厅

图下 珍宝馆陈列

清两代皇家精神、物质生活的一个方面。

珍宝馆一室“珠光宝气——珠宝饰品与珠宝镶嵌类器物”，展

清 碧玺珊瑚梅花树盆景

出87件套113件文物，介绍珠宝镶嵌这一清代工艺中重要的装饰手段，淋漓尽致地展现当时人们对富贵吉祥的追求。

珍宝馆二室“金昭银辉——清代皇家金银器”，展出45件套136件文物，凸显清代皇室御用金银器材料之奢侈、品类之丰富、技艺之精湛，体现鲜明的宫廷特色与恢宏的国家气象。

清代宫廷珍宝在今天所承载的意义，已远远超出单纯的材质与工艺的价值，它们反映了中国传统文化博大精深的底蕴，是历史的传神写照，更是人类智慧凝结而成的璀璨瑰宝。

第十四话 檐角飞廊现东南

古建筑馆地点在午门至东华门一段，大致位于整个紫禁城的东南城墙区域。

故宫是世界上最大规模的古代木结构建筑群，故宫博物院拥有近5000件古建筑文物藏品，但是始终没有一个专门的展馆来展示壮美的古代建筑群和精美的古建筑文物藏品。为弥补这个遗憾，东华门修缮后作为古建筑馆，即故宫博物院又一个常设展览，向公众开放。

东华门古建筑馆总体区域涵盖自午门至东华门段城墙、东南角楼、东华门和銮仪卫四个部分。城墙段不设专门展览，作为古建筑的主要通

东华门

道和户外环境展示的重点。角楼展区设立“古建筑木结构”专题展览，展览内容和设施主要包括多媒体影视作品《角楼》、角楼测绘图纸、三棱锥体转动式展板、角楼建筑本体、角楼模型。东华门展区设立“古建筑设计意匠”专题展览，分为“规划·意匠”“内檐装修·意匠”“瓦作·意匠”和“彩画作·意匠”四个部分。銮仪卫展区设立“古建筑石作与保护”专题展览，展览内容分为仓储式石刻展示园区、石质文物保护工作室和观众休息区。

古建筑馆首次实现东华门城楼、东南角楼、城墙、地面展厅的结

合，形成一个立体、生动、视野开阔的大型联动展场。东华门城楼展出精美的古建筑构件、样式雷烫样和图纸等文物，并设计栈道直通屋顶，可以近距离欣赏东华门建筑构件和彩画。同时开放从东华门至午门的一段城墙，使观众可以近距离观赏城墙的结构与建筑之美，特别值得一提的是观众可以进入东南角楼，欣赏角楼精美绝伦的构造，并观看数字影视作品《角楼》。在东华门下的銮仪卫区域，是一个开放的仓储式石刻展示园区，展出一些有较高艺术水平的院藏石刻构件，使观众或在城楼上居高临下地欣赏精美的石刻文物，或走进仓储式石刻展示园区近距离观摩。

无论紫禁城的营建，还是普通大众生活中五行八作的建造成果，其背后无不闪烁着设计者的巧思和智慧。故宫古建筑的成就，分布在72万平方米的建筑群之中，故宫古建筑的设计思想，可以在漫步城墙、探索收藏、解读历史中得到深度体验。紫禁城建筑艺术展以东华门一区为典型案例做细致观察和解读，依托故宫博物院深厚的建筑类文物构件与相关文物的收藏，展现紫禁城的建筑之美。

金屬構件

第十五话 光阴流转齿轮间

我国的计时器有着悠久的历史，圭表、日晷、漏壶等器具的出现让人不得不惊叹古人非凡的智慧。明末清初欧洲机械钟表开始传入我国，逐渐取代了传统计时器。18 世纪，清代宫廷即大量使用机械钟表。这些钟表以英国产品居多，亦有出自法国、瑞士等其他西方国家的，还有我国自行制造的。西方国家的钟表主要由粤海关监督从洋商手中购置，贡入皇宫。清代广州、苏州等地制造的钟表精品，也被进献内廷。清宫设置的做钟处亦奉旨制造钟表以供宫中之用。这些钟表除有打时打刻的计时功能外，还利用机械联动原理，使上面装饰的人物、鸟兽、花卉等部

件不断变化，做出各种动作。它们以准确的报时、精美的造型、绚丽的色彩、优美的音乐、逗人的动作、吉祥的寓意博得帝后喜爱，成为宫中珍贵的陈设装饰。

清宫旧藏的钟表大部分留存至今，成为故宫博物院宫廷文物藏品中的重要门类。故宫博物院的藏品不但是中国境内数量最大、体系最为完整的钟表收藏，同时在世界钟表收藏中也是极为特殊和重要的一部分，越来越受到世界钟表收藏界和研究界的重视。对于钟表史研究而言，世界上还没有哪一个博物馆的钟表收藏能与故宫博物院相比。

2019 年，奉先殿钟表馆拟改为奉先殿原状陈列，奉先门南侧的

钟表馆展厅

南群房区域改设为新钟表馆。新钟表馆目前陈列故宫博物院藏精品钟表82件，其中中国钟表21件，外国钟表61件。82件钟表中，有20件是首次展出。展览通过“清宫造办处钟表”“广州钟表”“英国钟表”“法国钟表”“瑞士钟表”“多国钟表”六个单元，以及两个场景，展示了故宫博物院所藏清代钟表的概貌。

伴随岁月流逝，很多钟表在原产国已经难以找到，故宫博物院收藏的这些钟表大部分成为珍品、孤品。但是，不少西洋钟表已经构件损毁、锈迹斑斑。今天，故宫博物院的工作人员正在将这些西洋钟表逐一

修复，陈列于钟表馆、鼓浪屿外国文物馆，成为中外文化交流的历史见证。

第十六话 文修武备垂法守

武备馆的地点在箭亭。

清代以武功定天下，“武备”曾占据举足轻重的地位，“勿以太平而忘武备”。清顺治时，祭祀祖宗的奉先殿前建有一座射殿，弓马骑射成为清代武备的核心。康熙帝曾亲率诸皇子和善射侍卫于此射箭。雍正时改为箭亭。箭亭前宽敞开阔，乾隆帝在此召见殿试弓马成绩最优秀的武进士，并亲试其技。嘉庆时武进士除殿试于紫光阁外，箭亭也被开辟为弓刀石的考试场地。

箭亭有卧碣一座，刊刻乾隆十七年（1752）上谕，内容为要求满族

贵族“衣服语言，悉遵旧制”“操演技勇，时时练习骑射”，并告诫子孙要“永垂法守”。嘉庆十三年（1808）清仁宗颙琰又立石碑于殿内西侧，再次告诫子孙“不效汉俗”。由此可知，箭亭的使用功能和建造目的除了日常演武外，更重要的在于强调武备的重要性，防止满族受汉族同化而导致祖制湮灭。

在故宫博物院收藏的百万件文物中，清代宫廷武备是重要的组成部分，按《大清会典》之规定，分为甲胄、弓箭、刀剑、马鞍、枪炮、旗纛、藤牌、战舰等类。其数量之丰富、工艺之精湛、材质之优良，是国内其他博物馆藏品无法比拟的。它们具有时代跨度长、体系完整的特

图上 内容为「乾隆上谕」的卧碣

图下 「八旗箴」石碑

点，为认识和研究清代政治、军事、典章制度、宫廷生活提供了重要的实物佐证。

箭亭武備展
Tools of War Exhibition in the Archery Pavilion (Jian ting)
前言
Introduction

第十七话 工器成作见匠心

家具馆一、二期展厅位于紫禁城西南角的南大库区域，馆内“南大库清代宫廷家具展”展出清代家具300余件。

“南大库清代宫廷家具展”分为两个部分。其一为主题展览，以“清代宫廷家具中的国与家”为主要内容，展示与宫廷礼制、帝王生活相关的宫廷家具。其二为仓储式展览，对数百件家具文物按照库房保管要求进行陈列排架。

家具馆展厅共分三期，一、二期位于南大库区域，三期位于南薰殿区域，共汇集2000多件明清家具，既是库房又是展馆。家具馆二期全部

为仓储式展示，三期则主要展示明代家具。未来可能以轮换展示形式，让更多家具珍品与观众见面。在全部布展完成后，三期展厅将实现连通，并与武英殿和宝蕴楼共同形成新的展示区。

故宫博物院收藏有一幅肖像画《是一是二图》，图中的主人公是弘历，即乾隆皇帝。画面中的他年逾不惑，身着汉家衣冠舒适地坐在榻上，身后悬挂着一幅与他画中容颜一致的肖像，周围遍布其所珍爱的器物。画上的家具器物，都是写实的，例如摆满古物的一张圆桌，即为院藏6000余件明清宫廷家具收藏账目中的朱漆描金花卉纹葵式桌，与院藏大部分明清家具一样，不仅是代表当时最高工艺水准的艺术品，同时更

家具馆展厅

可与丰富详尽的文献资料相互印证，是存储着使用者生命痕迹和历史记忆的载体。书案桌面上轻浅的划痕，座椅扶手处细润的包浆，至今仍留存着帝王的温度。

南大库家具馆，从使用者的角度切入，还原历史上帝王理政、燕居乃至宫廷绘画中的场景。让陈设的家具讲述发生在它们身上的故事，让观众感觉到当年的盛世繁华、触摸它们主人余留的温度。

第十八话 庆赏升平娱清景

戏曲馆地点在畅音阁。

中国戏曲是世界三大古老戏种之一，历经千余年的发展变化融合，到清代形成了以京剧、昆曲为主的局面。满族定鼎中原，受汉文化影响，宫中文化生活嬗变。关外“篝火观舞”“饮酒摔跤”的粗犷娱乐形式，被更有观赏价值的戏曲替代，并成为宫中娱乐和庆典活动的重要内容。

清代帝后（尤其是乾隆和慈禧）热衷传统戏曲艺术，并曾在宫中大力提倡。宫廷演戏为世人了解皇家生活情景开启了一扇绝佳的窗口。内廷组建了南府、景山等宫廷戏曲演出机构，遴选民间艺人进入宫廷戏

班，令四大徽班进京，安排民间戏班进宫承应演出等，从而有力地促进了中国戏曲艺术的发展。但总的来说，内廷演戏，各朝发展并不平衡。乾隆朝社会稳定，府库充盈，戏曲活动形成高潮。嘉庆后各朝，内忧外患，经济萧条，宫中习艺人员骤减，戏曲活动转入低谷。慈禧听政，嗜戏如命，戏曲活动又重现生机。

演戏除满足帝后欣赏之外，还成为一种驾驭控制的手段，通过看戏来礼遇廷臣及外藩首领，达到恩赐和怀柔之目的。同时在编写戏本时，有意加入宣扬忠孝、粉饰升平的内容，以教育臣僚、藩封，实施教化统治。

由于清代演戏在宫廷生活中的地位，内廷特意搭建戏台，制作戏曲

畅音阁演戏场景

服装、砌末道具，并有御用文人创作宫廷专用的戏本。故宫博物院庋藏清代宫廷戏曲文物万余件，数量之大、用料之优、工艺之精，在国内博物馆界首屈一指。

畅音阁戏曲馆由畅音阁（戏楼）、扮戏楼（后台）和阅是楼（观众席）组成，形成一个完整的清代宫廷“大戏院”。其中，扮戏楼为戏曲文物展厅，富藏清代宫廷戏曲文物。

展览依据故宫现存大量戏曲文物，从演戏机构、戏装砌末、剧本、戏台、帝后赏戏景观等方面加以展示，并遴选当年入宫名伶唱片复原播放，使观众从视觉和听觉上全面感受清代宫廷戏曲活动。

第十九话 数字展馆推新意

数字展馆地点在端门。

端门的地理位置可谓得天独厚，是观众进入故宫博物院的第一道大门，也是故宫博物院给观众递上的第一张名片。观众推开这扇“印象之门”，站在“紫禁之端”，即可一览全貌，留下清晰的第一印象。

端门数字展馆是在传统建筑中建设的全新数字形式的展厅，与实体形式的展厅既有区别又密切联系。它以“数字建筑”“数字文物”的形式，充分利用信息时代的技术优势，把院藏珍贵文物中因为脆弱等原因难以展出的文物，或实物展览中难以表达的内容，以数字形态呈现给观

图上　数字沙盘

图下　数字多宝阁

图上 数字展馆体验区

图下 虚拟现实剧场

『亲制御膳』海报

众，以新媒体互动手段满足传统文化的传播需求，同时又保证了文物安全，更可以激发观众对实体文物的兴趣。

端门数字展馆将在不断引入最新展示技术的基础上，定期更换展览主题。

第二十话 海浪声声传远信

故宫鼓浪屿外国文物馆（以下简称“外国文物馆”）是一座主要展示故宫馆藏外国文物的中型博物馆，位于鼓浪屿“救世医院及护士学校旧址”。由厦门市政府与故宫博物院合作建设，是故宫博物院在地方设立的第一个主题分馆，集中展示故宫博物院收藏的明清两代遗存至今的外国文物。

展馆现展示文物195件，共分“文物来源”“科技典范”“万国瓷风”“生活韵致”和“典雅陈设”五个展示部分，主要有漆器、瓷器、玻璃器、珐琅器、金属器、家具、钟表、科技仪器等类别，它们来自英

故宫鼓浪屿外国文物馆

故宫鼓浪嶼外國文物館
KULANGSU GALLERY OF FOREIGN ARTEFACTS
FROM THE PALACE MUSEUM COLLECTION

故宫鼓浪屿外国
文物馆展厅

故宫鼓浪屿外国文物馆展品

国、法国、德国、瑞士、俄罗斯、捷克、日本等国家和地区。

外国文物馆展出的文物，多为清宫旧藏，大部分一直保存在故宫博物院库房里，从未向世人展示过。也有部分由民间征集或个人捐赠。展品品类丰富，保存完整，不仅具有很高的艺术价值，更是中外文化交流的见证，具有极高的研究价值和欣赏价值。

第二十一话 百年沧桑镌院史

“故宫博物院院史展”地点在宝蕴楼。

“故宫博物院院史展”展出的史料和藏品涉及的时间跨度横亘中华民族由艰难黑暗迈向光明盛世的百年时光，将老一辈故宫人在动荡的局势中艰难维持，在南迁路上为国家民族守护珍宝，在中华人民共和国成立后逐渐发展、走向辉煌的艰辛历程和丰功伟绩，通过展览一一呈现。宝蕴楼位于故宫西华门内、武英殿西侧，是紫禁城中唯一一座中西合璧的建筑。2015 年恰逢宝蕴楼建成 100 周年，宝蕴楼在修缮完成后，举办常设展——“故宫博物院院史展”，并划出一部分区域供文化研究与学

图上 宝蕴楼

图下 在故宫宝蕴楼修缮保护工程开工仪式上讲话

术交流活动使用。

1911年北洋政府接管紫禁城外朝，内务部与逊清皇室将盛京故宫、热河离宫两处所藏宝器20余万件运至紫禁城，然而尚没有文物存放之地，于是由政府拨款在原咸安宫基址上建造了宝蕴楼。宝蕴楼为两层西洋式建筑，建成于1915年。其建造历史及建筑风格，在整个故宫古建筑群中具有独特而鲜明的特征。其中所藏历代古物之萃，青铜、书画、陶瓷、金玉，至真且奇，因而定名曰“宝蕴楼”。观众在此可以领略到这座建筑独特的历史风貌，并通过展览感受故宫博物院建院以来的风雨历程，以及历代故宫人对故宫精神的坚守与传承。

院史展将时间拉回一百年前，从清逊帝溥仪退位开始，以图片的形式将古物陈列所、清室善后委员会等早期机构的风貌和历史，为观众清晰地展现出来。在当代部分，展览着重展示故宫文物藏品清理、故宫古

建筑整体修缮工程、“平安故宫”工程的实施与成果，使得来访的嘉宾能够了解故宫博物院的历史，对故宫先贤不计自我得失、为国家典守宝藏的精神与事迹产生由衷的敬意。

第二十二话 合卺同心瓜瓞绵

《礼记·昏义》中说，“昏（婚）礼者，将合二姓之好，上以事宗庙，而下以继后世也，故君子重之”。对普通人来说，婚礼是人生大事，而天子的婚礼更是办得热闹隆重，称之为“大婚”，也就是皇帝迎娶皇后的各类礼节程序。实际上，清代并非每位皇帝的婚礼都在紫禁城中举办，只有幼年登极的顺治帝、康熙帝、同治帝和光绪帝这四位皇帝举行过大婚庆典。

每当提到宫中重大的典礼，首言元旦、冬至、万寿三大节，但是，这些典礼举行的场所大多集中在紫禁城的前朝区域——三大殿。而大婚庆

光绪帝《大婚图》中皇后的嫁妆队伍

典是最完整使用紫禁城的典礼，也是最喜庆的典礼。各项仪式从紫禁城的前朝区域一直延伸到内廷区域，从南端的午门一直到北端的神武门，整个紫禁城张灯结彩，钟鼓齐鸣，皇后的凤舆在中轴线上穿过午门中间的门洞，跨过金水桥最中间的一座，至乾清宫降下，皇后出舆，跨过象征红红火火的炭盆和平平安安的马鞍，走进洞房坤宁宫。

“龙凤呈祥——清帝大婚庆典展”为临时展览，由四部分组成。第一部分“帝聘后归”，介绍了在紫禁城中举行过大婚的顺治、康熙、同治、光绪四位皇帝，展现了不同政治因素对皇后人选确定的影响。第二部分“礼仪隆重”，记述清代皇帝大婚的全过程。由“纳采”与“大

图左
喜字凤舆

图右
洞房内的喜床

征”始，奏响皇帝大婚的序曲；在“奉迎”前行“册立”之礼；婚成礼“合卺”，婚后礼有“朝见”“庙见”“颁诏”“筵宴”。经历诸多繁复的礼仪，方能珠联璧合成姻缘，龙聘瑞凤作佳偶。第三部分“文华物盛”，展现了由皇家采办的彩礼与嫁妆，尤其是同光二朝，既有王朝多年积蓄可供使用，又有国库的专门拨款，因此极尽奢华与富贵。其纹饰之华美，寓意之吉祥，是婚礼文化的重要载体。第四部分“乾坤交

清帝大婚庆典展
地点：乾清宫东庑
入 口
Entrance

囍

清帝大婚庆典展展厅

泰”，介绍过火盆、跨马鞍等有趣的婚俗，记述册立、奉迎及后续连贯而来的合卺礼。合卺礼毕，帝后的夫妻关系正式确立。

这些深藏宫中的精美文物展品，曾经见证了清代皇帝大婚典礼中一幕幕的历史场景，以专题的形式集中展示，让大家更深入地了解清代大婚庆典的各项礼仪及其蕴含的传统文化内涵，并从中窥见清代宫廷生活的特殊时刻，体会其尊贵典雅与精致奢华的背后历代传承的“工匠精神”。

第二十三话 千秋万寿普天庆

健康长寿是人类的追求和美好愿望，唐宋以来，庆贺生辰逐渐成为中国人对个人及家族历史进行纪念的重要方式。中国古代宫廷将在尊长诞生之日予以庆祝、祈福的活动演化为重要典礼。中国古代家国一体，皇帝作为以天下为家的帝王，主持的诸多典礼活动既是家族的需要，又是国家政治的体现。唐玄宗始以皇帝诞辰称千秋节，之后历代相沿而名称不同。进入清代，皇帝更将个人生辰设定为普天同庆的节日，将庆贺帝后寿辰与祈福国家恒安，合为宫廷一项重要的礼仪。

自清代康熙皇帝开始，每逢帝后六十、七十或八十岁整寿，更加以

隆庆。有清一代，得享此隆庆人典的有康熙皇帝、乾隆皇帝的生母崇庆皇太后、乾隆皇帝、嘉庆皇帝和慈禧皇太后五人。这一隆重的庆祝活动，就是清宫帝后诞辰庆典，也就是文献记录中所说的“万寿庆典”，诞辰日则称为万寿节。

清代万寿庆典按庆祝活动的地点，主要分为京城内与皇宫内两个主要部分。庆典期间，京城内沿帝后自西郊园林入宫巡游路线，在道路两侧及沿途寺观，设置特殊的贺寿景观，官员、百姓临街庆祝，恭迎御辇入宫。在宫廷内，各处宫殿装饰一新，庆典当天按典礼规程布置卤簿仪仗，皇帝、太后分别在太和殿、慈宁宫接受百官贺寿。故宫博物院典藏各本长卷设色的《万寿图》绢本画卷及刻本《万寿盛典》图书，便完整展现了清代京城内的重要景观，以及万寿庆典活动的盛况，《皇朝礼器

图上
清 《万寿图》卷

图下
清 崇庆皇太后《万寿点景图》

图》中所记录的卤簿仪仗、中和韶乐图像，则是这一重大国家典礼的实物再现。

清代万寿庆典举办之前，王公大臣进献精美的贺寿贡品，皇子、皇孙多亲手制作或亲自选取能表达为帝后尽孝祈福的贺礼，中央到地方官员则以帝后喜好为参考，呈送各自所在地区特有的精美手工艺品或奇特物产，更有外国使臣进呈为中国皇帝祝寿而准备的特别礼物。京城及各地官办手工业作坊，则会按照庆寿图样，制作高规格的庆典礼仪用器。故宫博物院藏有大量此类专为万寿庆典制作、使用的精美文物，遴选其中有代表性者，特举办“天子万年——清代万寿盛典展”“普天同庆——清代万寿盛典展”等相关临时展览。

普天同庆——清代万寿盛典展

第二十四话 一念清净听梵音

紫禁城曾经是明清两个王朝的政治中心和文化中心，西藏虽处中国边陲一隅，却是藏族文化和藏传佛教的核心区域。明清时期皇宫与西藏的互动交流不仅是君与臣、朝廷与地方之间政治、军事政令的传达与反馈，更有文化的传输与接纳。藏传佛教作为重要的文化载体，是中国西部多个民族的共同信仰，与汉文化语境下的汉传佛教信仰，既有共同的文化内核，又有不同的文化源流。

故宫博物院收藏的藏传佛教文物积皇家数百年之精华，无论是在数量、品质还是类别等方面均居全国各大博物馆之前列，迄今保存完

雨花阁

整的清宫藏传佛教佛堂更是国内博物馆所仅见。故宫博物院藏佛教造像23000件，祭法器7000余件，唐卡2100件，使用民族语言编写的佛教经典、文书共28280册，其中藏文佛经369部，蒙古文佛经265部，满文（包括多语合璧）佛经25部。故宫博物院还收藏很多以蒙藏民族历史事件为题材的绘画，例如，著名的传为唐代阎立本绘制的《步辇图》，清代乾

雨花阁内景

梵华楼内景

清乾隆 铜版印本
《平定两金川得胜图》

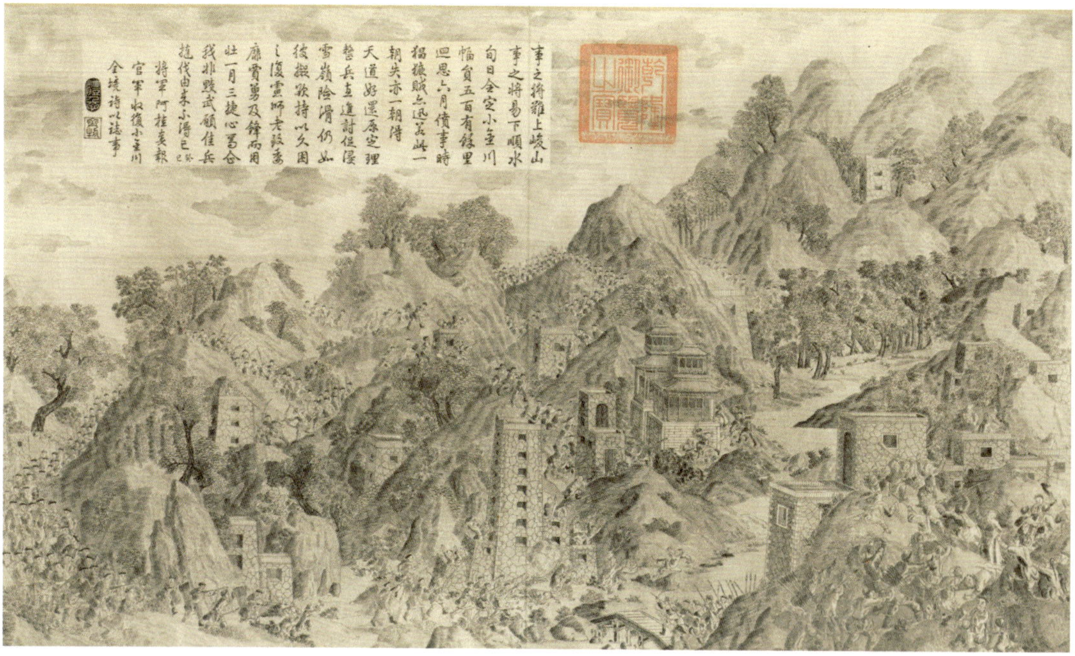

隆御题《平定两金川得胜图》绘本、铜版印本，为纪念土尔扈特部回归清廷在承德外八庙普陀宗乘之庙举行开光仪式而创作的《万法归一图》等。

自上世纪以来，故宫博物院举办了很多与藏传佛教相关的展览，如1990年轰动当时的“清宫藏传佛教文物展”，2001年在澳门举办的“妙谛心传——故宫珍藏藏传佛教文物展”，2013年与民族文化宫合作在意大利举办的“两宫藏藏传佛教文物展”，2019年的“须弥福寿——当扎什伦布寺遇上紫禁城”展等。近年来，故宫博物院开始有计划地出版原状佛堂相关图册，例如2009年《梵华楼》四卷本正式出版，使广大观众在观展之外，也能尽情领略故宫博物院藏藏传佛教文物和清宫藏传

须弥福寿——当扎什伦布寺遇上紫禁城展览展厅

佛教文化的风采。

第二十五话 西洋奇器进清宫

众所周知，科技是第一生产力，是促进社会经济发展的原动力之一。科学仪器则是科技发展水平的直观印证，也是科学知识得以传播和应用的实物载体。清代宫廷所藏的科学仪器，不仅反映了清代宫廷科技发展的水平，也反映了在中西文化交流背景下的东西方科技交流的盛况。清宫收藏近代科学仪器是在中西交流的大背景下产生的，有必然因素，也有很多的偶然因素。明末清初，“实学”思潮兴起，一批儒家知识分子开始关注并学习科学技术，同当时传教士带来的西方科学知识逐渐汇通，形成了渐演成势的中西文化交流的局面，其中科学仪器成为传教士进入宫廷的敲门砖。

面对这种状况，清王朝作为一个从关外入主中原的少数民族政权，关于合法性的争论在清初颇为激烈，历法的制定作为历代帝王宣示权力的一种方式在这时显得尤为重要，传教士所带来的技术为编制更精确的历法提供了科学依据，这种契合正是王朝统治者所需要的。出于巩固政权的考虑，前期的统治者都比较重视科学技术，采取一系列措施，包括天文学、地理测绘学活动，根本原因是将其视为建构新王朝时期所采用的合法化方式之一，即通过科学技术的运用，确立新统治政权的合法、正统地位。因此，清前期宫廷科学得到很大的发展，不论是在传统科学的总结上，还是学习西方先进的科学知识方面都大大超越了前代。

清军入关后前期的几位皇帝，都十分重视自然科学知识的学习和运用，将中国传统科学与西方先进的科技知识相结合，促进了中西文化的交流和清代科技的发展。这一时期，宫廷科学成就主要体现在天文学、数学及以钟表为代表的机械学方面，不仅大量仪器进入宫廷，相关的科学著作也在此时大量出现。这其中又以康熙皇帝的成就最大，他对西洋科学非常感兴趣，亲自学习科学知识，掌握了相当的科学技术，并能应用到实践中，甚至达到很高的水平。在这种客观要求和皇帝个人才智的双重作用下，形成了清前期宫廷西洋科学卓然灿灿的局面，在一定程度上有助于他开创康乾盛世的局面。

清代宫廷西洋科技的发展是在一个特殊的历史背景下开始的，同时也基于这些原因，科学的垄断也就成为必然，知识成为统治基础的一部分。在清王朝统治稳固后，特别是到乾隆时期，西洋科学已逐步向艺术和生活领域偏转。从现存的档案和文物看，清代中后期宫廷中天文学等学科逐渐式微，而西洋医学开始成为这一时期宫廷中西文化交流的亮点，诸如血压计、显微镜等器械为我们了解清后期宫廷西洋医学的状况提供了实物佐证。清晚期，以自行车、电影机等为代表，西方近代科技成果进入宫廷，成为宫廷日常生活的重要组成部分，同时也引领着当时社会的流行时尚。

清宫流行的科技知识主要是为应用而学，依皇帝的个人兴趣而转移，缺乏系统的知识积累，没有形成完整的体系，因而非常容易中断。特别是历代帝王仅看到这些西洋仪器的精美和奇特，却没有看到背后不断强大的科学技术力量对于封建王朝的威胁，使得19世纪的中国在科学技术方面远远落后于西方列强，处于被动挨打的地位。

清宫收藏的西洋科学仪器以及相关的科学器具种类丰富，涉及科学领域的各个方面，故宫博物院所收藏的外国文物具有两个方面的特色。

一是数量众多，传承有序。由于中国是文明古国，在历史上没有掠夺、盗窃其他国家的文物，因此在中国国内目前5000余座博物馆内，收藏保管来自外国的文物藏品数量均较少。然而故宫博物院是一个例外，在故宫博物院的1862690件文物藏品中，有上万件外国文物。例如全世界保管18世纪西洋钟表，数量最多、品质最好的博物馆，并不在欧洲，而是中国的故宫博物院，共计2200余件。当然世界上也有一些著名的博物馆保管着来自世界各国的文物，但是故宫博物院与之不同的是，我们所保管的每一件文物藏品来路都是清晰合法的。

二是品类丰富，中西合璧。今天我们看到的这些仪器，包括天文仪器、数学用具、西洋钟表、医药用具、武备器械和生活用具等，代表了清代宫廷天文学、数学、医学、地理测绘学、机械学和军事科技等领域的发展水平。这些仪器既有传教士从欧洲携带至清宫的，也有清宫造办处自己制作的。传教士携带至清宫的科学仪器代表了当时欧洲前沿的科学发展水平。由清宫造办处制作的仪器也多依据欧洲近代的科学理论制作，同时在表面又以中国的汉字标注或吸收中国传统的装饰纹样，使之呈现中西合璧的特色。

2015 年，故宫博物院和香港科学馆合作举办“西洋奇器——清宫科技展”，共展出约 120 件清宫旧藏科学仪器，分为“天文仪器”“数学用具”“度量衡”“医学用具”“武备器械”“生活用具”“钟表”“科技相关绘画与书籍”八个部分，反映了清代在各类学科和领域的认知与发展水平。观众从中可以领略中西方文化交流的巨大魅力。

工作人员讲解布展情况

图上
西洋奇器——清宫科技展开幕式

图下
西洋奇器——清宫科技展展厅

图上 西洋奇器——清宫科技展展厅

图下 西洋奇器——清宫科技展展品

第二十六话 浮梁瓷色比琼玖

景德镇以先进的制瓷业闻名遐迩，早在北宋初年景德镇生产的瓷器就已经被进贡到宫廷；真宗时期因为以瓷器为主要产品的生产总产值和税收的提高，原本很普通的一个江南小镇被赐以皇帝的年号“景德”；元代为生产宫廷用瓷设立的浮梁瓷局，进一步拉近了宫廷与景德镇的关系；明清两代在景德镇设立专门负责烧造御用瓷器的御窑厂，使得景德镇成为皇家作坊的有机组成部分，在管理体制上成为内府的机构之一。为生产瓷器，皇帝经常直接与在景德镇负责生产的官员交流。正如研究者指出，在清代皇帝御批的奏折中，景德镇出现的次数绝非其他任何一个地方可比。

今天，在故宫博物院的文物收藏中，瓷器达37万件，是以质地分类中最多的一项，而这其中属于景德镇御窑的产品就多达30万件。同时，为了支援全国文物博物馆事业的发展，故宫博物院向各地调拨了很多文物，其中，先后11批次拨调景德镇瓷器792件，这在全国各地也是最多的文物类别。

随着研究的深入和景德镇御窑遗址的考古发现，我们认识到，故宫博物院收藏的传世文物和御窑遗址出土的标本不仅有很大的共性、可比性，也有很大的互补性，只有将二者视为一个整体，才能更好地研究御窑、御窑瓷器和景德镇与宫廷的关系，以及景德镇御窑在宫廷物料造作体系内的价值。因此，从2015年至2017年，故宫博物院与景德镇市陶瓷考古研究所合作举办明代御窑瓷器——景德镇御窑遗址出土与故宫博物

图左 明代御窑瓷器系列展览海报

图右 明代御窑瓷器系列展览

图上
明代御窑瓷器系列展览展厅

图下
明代御窑瓷器系列展览陈列

明代御窑瓷器系列
展览展品

院藏瓷器系列对比展（后简称“明代御窑瓷器系列展览”）。此系列展览包含三个既独立又相互联系的子展览，分别是“明代御窑瓷器——御窑遗址出土与传世成化瓷器对比展”“明代御窑瓷器——御窑遗址出土与传世弘治正德瓷器对比展”“明代御窑瓷器——御窑遗址出土与传世嘉靖万历瓷器对比展”。通过御窑遗址出土的瓷器和传世瓷器的对比，全面反映明代御窑瓷器的面貌及御窑的历史，进而揭示御窑和景德镇瓷器所反映的优秀文化内涵。

同时，研究御窑瓷器和景德镇文化的学者已认识到，正是因为景德镇设立了御窑厂，才在皇家的支持下带动了景德镇总体瓷器生产技术的进步。到明代中期以后，景德镇瓷器的生产水平冠绝天下，从官方到民间，景德镇都已成为天下的瓷都。随着世界各国的联系日益紧密，因青花瓷器的输出，景德镇的产品在销往各国的同时也影响、带动了世界瓷器生产技术的普及，景德镇成为世界的景德镇。之所以能够如此，御窑的功能有很大关系，正是御用瓷器对品质的高要求，促进了技术的发展，而御窑品质又带动了景德镇瓷器生产水平的总体提高。这是中国瓷器能够风行世界300年的基础。

第二十七话 海上航路通异域

故宫博物院在中国南海博物馆举办了“紫禁城与海上丝绸之路”展览，随后这个展览又结合“一带一路”国际合作高峰论坛在故宫博物院的午门西雁翅楼展出，均获得了观众的青睐和好评。

明永乐皇帝定都北平后，在北平建立紫禁城，作为全国的行政中心。永乐皇帝派遣郑和下西洋，船队装载了瓷器、丝绸等物品作赏赐怀柔之用，船队最远到达东非海岸，在稳定与各国的关系后亦带回各地特产。

明朝南海各藩属国，三年或五年一贡，以朝贡为名义，来华进行朝贡贸易，输入各种香料、紫檀、药材、象牙、犀角等名贵物品，朝廷则

赐予瓷器、丝绸等给各来朝贡的藩属国，藩属国回航后将其作为商品分别在海上丝绸之路上的港口卖出，再转运至印度、非洲、土耳其及欧洲。

明代正德年间，恰逢欧洲的大航海时代来临，葡萄牙商船最先到达中国沿岸上川岛，再占据舟山六横岛，被赶走后逃往福建，1557年再据居澳门，通过海上丝绸之路进行大量贸易与文化交流。西方传教士如利马窦等，在澳门圣保禄学院学习中国文化及语言，再前往北京进入宫廷传教，为宫廷带来西方的自鸣钟、天文仪器、西洋历法、几何原理等，得到宫廷的重视。

清代康熙皇帝更亲自学习西方几何，命造办处在宫廷中制作天文、地理及几何仪器，任用洋人汤若望、南怀仁等在钦天监供职，改良中国历法。乾隆年间，郎世宁、艾启蒙等传教士经海上丝绸之路到达澳门后再往北京，为皇帝所重用，带来西方的绘画技法、乐器与奏鸣曲等。

中国亦通过海上丝绸之路，给西方运去大量外销瓷、茶叶、丝绸及大量中国工艺品，在西方掀起了中国风的热潮。

明清两代宫廷均通过海上丝绸之路，与南海诸国及欧洲互相交流，互相影响，为今天故宫博物院留下不少相关文物，见证了明清两代与海上丝绸之路的密切关系。

“紫禁城与海上丝绸之路”展览展出数量众多的明清时期东西方贸易交往和文化交流的珍贵物证。明代的展品包括，郑和下西洋相关文

物永乐青花盘、永乐青花军持；由中东传入的景泰蓝工艺品；传教士传入的文物自鸣钟、西学图书；南海诸国朝贡贸易文物象牙犀角雕、龙脑香及其盛载瓶、紫檀器物；葡萄牙贸易文物克拉克瓷等。清代的展品包括，郎世宁的绘画，以及其他受西洋画风影响的绘画；天文仪器、地理仪器、几何仪器、计算仪器，以及各类进口或中国制自鸣钟、怀表等钟表仪器；各类装饰性瓷碟、茶具、纹章瓷等外销瓷；绘画有圆明园铜版画、职贡图等画作；法国传入画珐琅器物和珐琅彩瓷器等。

紫禁城与海上丝绸之路展展品

第二十八话 簿书案牍载史料

中国第一历史档案馆的前身是故宫博物院成立时图书馆下设的文献部。1951 年 5 月，故宫博物院文献馆改称档案馆，成为专理明清档案的机构。几经变迁，1980 年 4 月，根据国家档案局的要求，将故宫博物院保管的明清档案及职工划归国家档案局，改称“中国第一历史档案馆”，馆址在西华门屏风楼。

中国第一历史档案馆收藏的 1000 余万件明清档案是明清宫廷重要的文化遗存，与紫禁城古建筑、清宫旧藏文物密不可分，都是故宫文化遗产的有机组成部分。这些档案不仅之前曾长期由故宫博物院收藏、整

图上 中国第一历史档案馆

图下 在工作人员陪同下参观中国第一历史档案馆

图上 查阅中国第一历史档案馆保存的明清档案

图下 参观档案修复过程

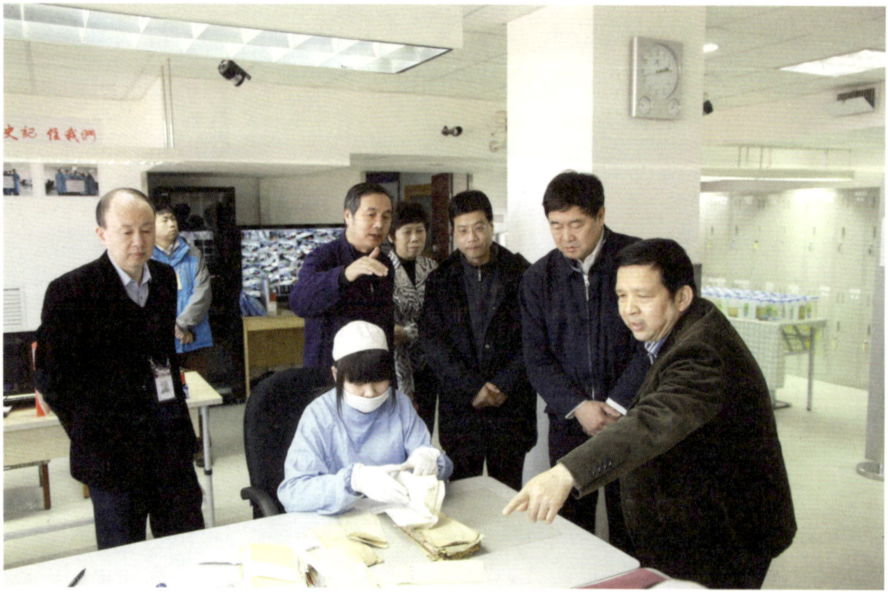

理，而且绝大多数档案本来就留存在紫禁城内，与宫廷建筑物和各个机构联系在一起，是研究明清宫廷重大历史事件，了解宫廷历史文化最为重要的依据。同时，故宫博物院的藏品主要源于清宫旧藏，要举办宫廷原状展览，深入研究这些藏品的来源、功用、制作工艺及流程等，均离不开明清档案。另外，明清档案中，有大量的不同时代对故宫古建筑建设、修缮等方面的记载，是今天古建筑修缮或进行古建筑研究需要依据的宝贵资料。

篇三

萃赏国宝

萃赏国宝

第二十九话 笔底春风写千年

中国的绘画艺术历史悠久，源远流长，历经两千余年的时光变迁，历代文人雅士用一支画笔描摹山川河流，物象世事，借以咏情抒怀，是中国文化不可或缺的一部分。故宫博物院藏有历代绘画作品53000件，近千件系国家一级文物，在清宫旧藏的基础上，也接受了相当数量的国家收购、调拨和社会捐赠。故宫博物院汇聚了中国绘画发展各历史时期的名家名品，其中，元代以前精品400余件，数量居全国各博物馆之首。这些作品中，有不少稀世之珍，或为历经劫难流传至今的孤本真迹，或为美术史上大师巨擘的铭心绝品，精华荟萃，蔚为大观。绘画藏品也因此成为故宫博物院艺术藏品的重中之重。

1. 《游春图》卷

《游春图》描绘的主体为秀丽的山景，人们在明媚的春光里，到山间水岸踏青游玩，一派淡然闲适的春景跃然纸上。全画以自然景色为主，人物点缀其间。

全卷构图开阔，画面颇有纵深感，画家运用细劲流畅的线条勾勒出物象的轮廓，点景人物虽然小如豆粒，但描绘细致，幞头衣袂纤毫毕现。山石树木无皴，以线条画出，可以看到行笔轻重、疾徐、顿挫、转折的变化。多处勾以金线，以石青、石绿晕染填色，建筑物和人物、马匹间以红、白诸色，既统一和谐，又富有变化。整体色彩鲜明秾丽，衬托出山水间盎然勃发的春天气息。

《游春图》历来被认为是隋朝画家展子虔的作品，代表了中国早期山水画的面貌。

2. 《步辇图》卷

《步辇图》取材真实的历史事件，贞观十五年（641）春天，吐蕃赞普松赞干布派相国禄东赞到长安拜见唐太宗，迎接文成公主入吐蕃与松赞干布成婚。

阎立本以此为题，绘制了这幅歌颂古代汉藏民族友好交往的作品。画面主体描绘的是唐太宗李世民在宫内接见吐蕃使臣禄东赞的情景。李世民端坐在由宫女抬着的步辇之上，众宫女持扇、打伞、抬辇。皇帝面前站立 3 人，中间即是吐蕃的使臣禄东赞，服饰皆为吐蕃样式，拱手而立，正在向唐太宗行礼。禄东赞身前着红衣、手持笏板的人是朝廷翻译

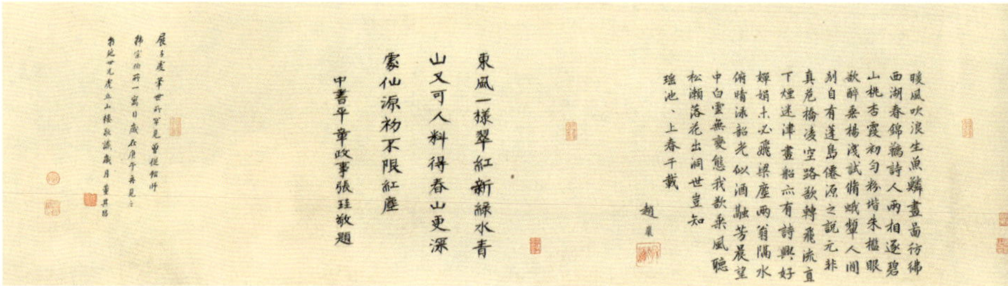

《游春图》卷

隋 展子虔

绢本 设色

纵 43 厘米

横 80.5 厘米

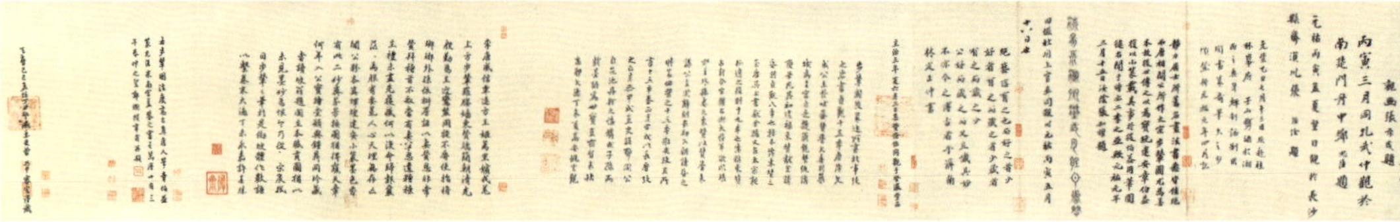

《步辇图》卷
唐　阎立本
绢本　设色
纵 38.5 厘米
横 129 厘米

人员，向唐太宗介绍远道而来的客人。禄东赞身后着白衫的人是内侍太监。阎立本笔下的人物非常真实而生动。唐太宗李世民的威严又不失诚善，使臣禄东赞的干练、谦和，都各具特点，十分切合人物身份。

全画以细劲的线条塑造人物形象，线条纯熟、遒劲坚实，富有变化和表现力。设色浓重、鲜艳，同时又非常和谐，保留初唐时期的人物画风格，是一幅出色的工笔重彩人物画作品。

3. 《五牛图》卷

《五牛图》是目前所见最早作于麻纸上的绘画作品，材质具有唐代纸张的特点。图画五牛，形象不一，姿态各异，或行或立，构成一幅长卷。一牛侧身蹭痒，一牛昂首前行，一牛正面而立，一牛扭头吐舌，一牛佩戴辔头，各个表情传神，动态十足。其中一头牛完全画成正面，视角独特，显示出作者高超的造型能力。

每头牛皆目光炯炯，作者通过对眼神的着力刻画，将牛既温顺又倔强的性格表现得极为传神。5头牛色泽、花纹各异，整体造型强健壮硕，颈垂、褶皱都一一描画出来。作品完全以牛为表现对象，背景衬托较少，造型准确生动，设色清淡古朴，浓淡渲染有别，画面层次丰富，达到了形神兼备之境界。

牛是中国古代绘画的传统题材之一，体现了农业古国以农为本的主导思想。韩滉任职宰相期间，注重农业发展，此图可能含有鼓励农耕的意义。《五牛图》是其作品的传世孤本，也是为数寥寥的几件唐代纸绢绘画真迹之一，因此不论其艺术成就还是历史价值都备受世人关注。

《五牛图》曾在北宋和清代两次入藏内府，并被多位收藏大家递藏，作为少数几件唐代传世画作真迹，可以说是名副其实的国宝。1900年，八国联军侵华，《五牛图》被劫出国外。半个世纪后，《五牛图》在中国香港露面，经过多方的不懈努力和交涉，最后由政府将这件珍贵的国宝购回。

名画虽然回归祖国，但经历五十多年的颠沛流离，画面布满尘垢，伤痕累累，洞蚀、霉斑多达上百处。画上的5头牛身上多处补纸、接笔已经变色，画心有明显的空壳。1977年1月28日，《五牛图》被送到故宫博物院文物修复厂（现文保科技部），由裱画专家孙承枝先生主持修复。孙先生在经过详细的查看和潜心的研究后，制作出一套详尽的修复方案。经过淋洗脏污，画心洗、揭、刮、补、裁方、做局条、托心等步骤后，补全了画心破洞处的颜色，再经镶接、覆褙、研光等，以宣和式撞边装裱成卷。

经过八个月的精心修补，《五牛图》在1977年9月28日修复完成，验收的专家组给予了高度评价，认为图卷在补配处全色及接笔不露丝毫痕迹，与原画保持了统一，裱工精良，裱件平整、美观，达到了极高的装裱修复水平。5头遍体鳞伤的“牛”，在故宫博物院古书画修复团队手中恢复了千年以前的生机，也因此才能让大众重新目睹这件国宝的真容和风采。

4. 《韩熙载夜宴图》卷

作品如实地再现了南唐中书舍人韩熙载夜宴宾客的情景，细致地描绘了宴会上丝竹弹唱、轻歌曼舞、调笑作乐的热闹场面，又深入地刻画了主人公超脱不羁、沉郁寡欢的复杂性格。全图共五个段落，分别为

《五牛图》卷

唐　韩滉

纸本　设色

纵 20.8 厘米

横 139.8 厘米

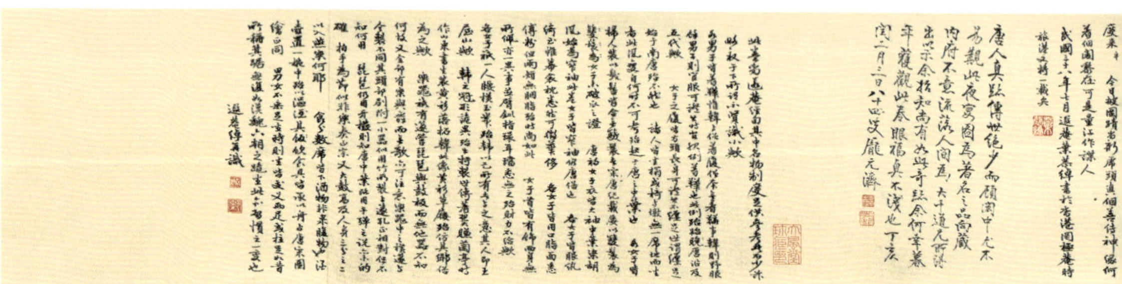

《韩熙载夜宴图》卷
五代 顾闳中
绢本 设色
纵 28.7 厘米
横 335.5 厘米

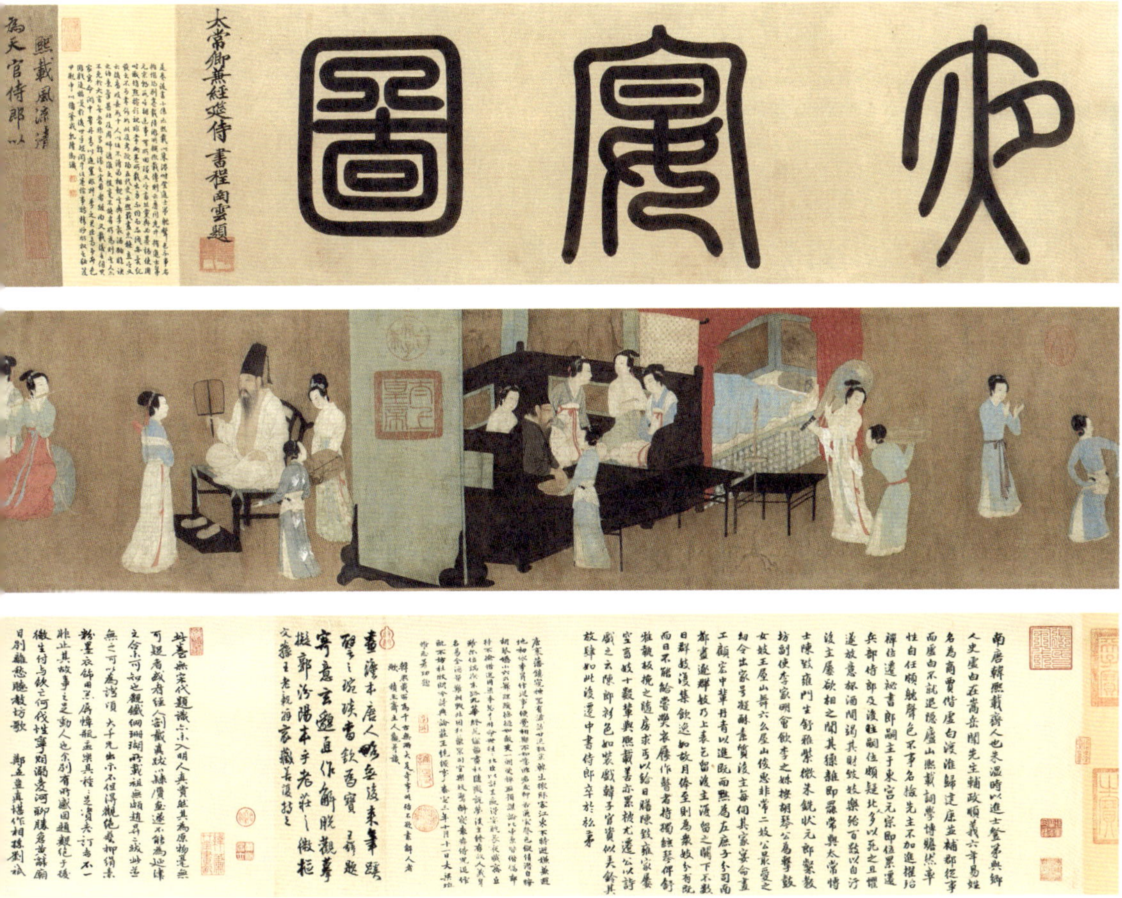

听乐、观舞、歇息、清吹、散宴。每段以床榻、屏风等家具巧妙分隔，人物反复出现，形成具有叙事功能的长卷。造型准确精微，线条工细流畅，色彩绚丽浓烈不失沉稳。不同色彩对比参差，交相辉映，绚中出素，呈现高雅的格调。

画卷的主人公韩熙载作为南唐官员，屡次向中主建议北伐，但都未得到采纳。后主李煜即位后，南唐国事危急，皇帝欲对他加以重用，但韩熙载认为南唐大势已去，心灰意冷，以纵情声色来逃避朝廷的重用。画院待诏顾闳中奉李后主之命潜入韩宅，窥探其放浪的夜生活，后默绘成此千古名卷。无论是画家极强的默写能力，还是对人物内心的精准刻

画，均令人赞叹不已。

历代著录的顾闳中《韩熙载夜宴图》有数本，此卷据各方面考证，当属南宋孝宗至宁宗朝（1163～1224）摹本，其风格基本反映出原作面貌，且达到相当高的水平，堪称流传有绪的古代绘画珍品。

5.《清明上河图》卷

宋人张择端的《清明上河图》，是一幅举世闻名的现实主义风俗画卷。它是进献给宋徽宗的贡品，流传至今已有九百多年的历史。画面描写北宋都城汴梁（今河南开封）市井街衢的景象，按画面可大致分为三段。卷首描绘汴梁郊区的景致，有柳树、茅舍、天地和家畜等。中段以穿城而

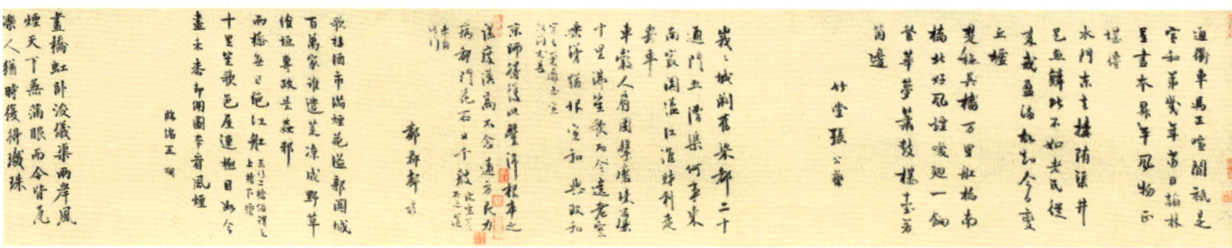

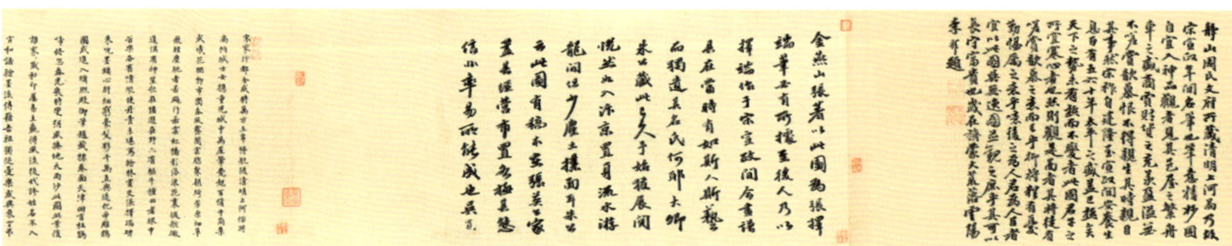

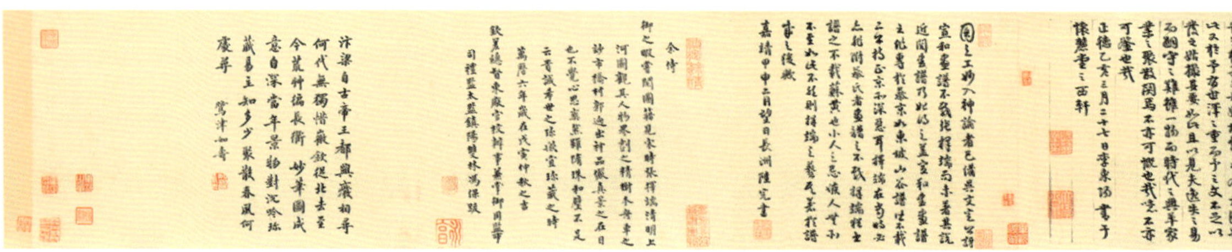

《清明上河图》卷
北宋 张择端
绢本 淡设色
纵 24.8 厘米
横 528 厘米

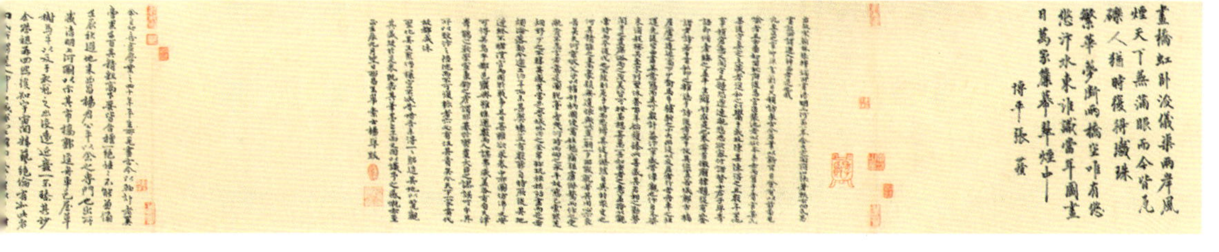

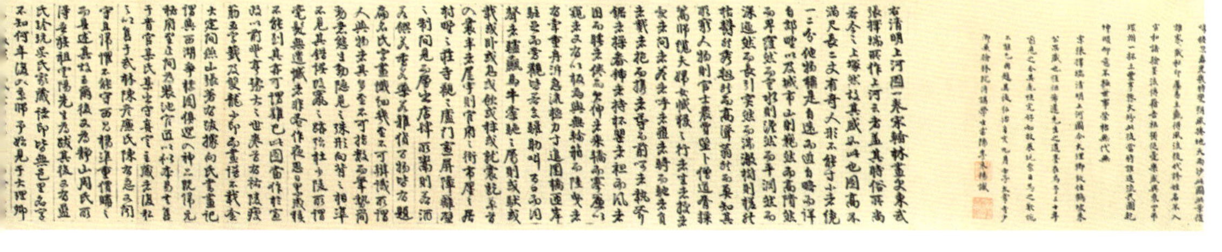

过的汴河为中心，两岸各色店铺、客舍林立，人流往来如织。过虹桥时，船上、桥上、岸上人群相互呼应，气氛紧张热烈。尾段则以城门内外景色作结，城墙上树木丛生，驼队穿城而过，城内人群纷杂，更显繁华。

全画细绘人物、建筑、牲畜、植物、车轿、船只等，真实再现了北宋都城内外的河流、桥梁、城门、街市等，场景之大、视野之广，为早期绘画之最。全卷的艺术风格凝重厚实，沉稳大度，以墨笔为主，稍加花青和淡赭，整体设色浅淡，朴实素雅。

此画声名显赫，广受青睐，仿摹者众多。故宫博物院藏本被专家一致认为是北宋张择端的原作。其他的同名画作，均为后来的摹本或伪托张择端的臆造本。

书画鉴定大家徐邦达先生曾评价《清明上河图》为“中国古典现实主义绘画的杰作”，在绘画史领域占有重要地位，同时由于题材的通俗性也广为人知，是家喻户晓的千古名画。关于《清明上河图》中“清明”二字的理解，学界意见不一，比较主流的有三种观点：

第一，“清明”是指清明节。徐邦达先生就持这种观点，文物鉴定专家郑振铎先生甚至指出画卷所描绘的就是清明节这一天的情景。

第二，“清明”是指地名清明坊。河南开封的孔宪易先生通过对画面中的服饰、物品等进行详细的考证，认为画卷描绘的是秋景。所以“清明”是当时东京城划分的一百三十六坊之一“清明坊”，“清明坊”是外城东郊的第一坊，与开篇画意相合。

第三，“清明”是清明盛世之意。著名鉴定专家史树青先生认为“清明”即政治清明，是称颂太平盛世。虽然与当时的社会现实有一定的出入，但因为是直接进献皇帝的贡品，以此画歌功颂德也合乎情理。

6. 《千里江山图》卷

《千里江山图》是北宋画家王希孟传世的唯一作品，画家作画时年仅18岁。此图描绘了一望千里的锦绣河山，峰峦叠嶂，气势磅礴，江水浩荡，平远无尽。它以概括精练的手法、绚丽的色彩和工细的笔致表现出山河的宏大气势，被视为宋代青绿山水中的佳构巨作。

画家在构图上充分利用传统长卷形式常用的多点透视技法，在十余米的巨幅长卷中将景物大致分为六部分，每部分均以山体为主要表现对象，各部分之间或以长桥相连，或以流水沟通，使各段主体既相对独立，又相互关联，巧妙地连成一体，达到了步移景异的艺术效果。高远、深远、平远多种构图方式的穿插使用，更使画面跌宕起伏，富有强烈的韵律感，引人入胜。全幅景象开阔，苍茫雄壮，表现了北宋画家郭熙所说山水画“可行、可望、可游、可居”的境界。

《千里江山图》在设色和用笔上继承了唐代的“大青绿”法，以石青、石绿等矿物质为主要颜料，敷色夸张，整体效果金碧辉煌，具有很强的装饰性，被称为“青绿山水”。隋唐时期如李思训、李昭道等多位画家均擅长青绿山水。纵观宋代及后世画坛，虽然也有很多画家用此法创作，但从目前存世作品来看，尚无一件可以超越《千里江山图》。

《千里江山图》卷
北宋 王希孟
绢本 设色
纵 51.5 厘米
横 1191.5 厘米

第三十话 玲珑剔透融冶精

中国是世界闻名的陶瓷古国，素有“瓷国”之称。

中国陶瓷历史悠久，历代名瓷名窑层出不穷，且有着鲜明的时代风格。原始社会陶器的浑厚质朴，汉唐时期陶瓷的雍容博大，宋元瓷器的精美典雅，明清制品的华丽工巧，历代陶瓷艺术所取得的成就宛如一部皇皇巨著。

故宫博物院作为中国最大的古代艺术品宝库，186 万件藏品总量中，陶瓷器约有 37 万件，占比高达近五分之一。另外，还收藏有相当数量的实物资料和故宫博物院研究人员从全国 150 多个重要窑口采集的 30000 多片瓷片标本。

故宫博物院藏中国古代陶瓷基本形成一个完整的体系，较为全面、清晰和准确地反映了中国陶瓷生产延绵发展的历史。特别是所藏宋代五大名窑及明清官窑瓷器，在数量上和质量上堪称首屈一指。

1. 青釉覆仰莲花尊

尊撇口，细颈，溜肩，鼓腹，高足外撇，周边遍布纹饰。肩颈部位有6个条形系。颈部纹饰3层，自上而下为飞天、宝相花及蟠龙，以凸弦纹间隔。腹部为器物装饰的主要部分，由3层覆莲瓣、2层仰莲瓣、1层菩提叶组合而成，莲瓣肥硕，层层叠压，部分瓣尖外卷。胫部亦堆塑覆莲瓣2层，瓣尖外卷。此尊整体纹饰达11层之多，繁缛精美，工巧绝伦。器物通体施青绿釉，胎釉结合紧密，釉层厚而均匀，圈足内深厚，素胎无釉。

此尊是1948年在河北景县封氏墓出土的，装饰元素如莲花、宝相花、飞天、菩提叶等与佛教装饰题材吻合，反映了佛教艺术对北方制瓷的影响。其胎、釉组成具有北方青瓷的特点，是北方青瓷的杰出代表，也是一件足以代表北朝时期陶瓷工艺水平的珍品。

2. 汝窑天青釉弦纹三足樽

此樽仿汉代铜樽形式烧造。直口平底，口、底尺寸相仿。樽外近口及近足处各凸起弦纹2道，腹中部凸起弦纹3道。下部三足相承，外底有5个细小支烧芝麻钉痕。里外皆满施淡天青釉，釉面有错落有致的细碎纹片。此樽器形规整，仿古逼真，釉色莹润光洁，有玉石质感，浓淡对比自然且富于变化。

青釉覆仰莲花尊
北朝
高 67 厘米
口径 19 厘米
足径 20 厘米

汝窑天青釉弦纹三足樽

宋

高 12.9 厘米

口径 18 厘米

底径 17.8 厘米

目前所见传世宋代汝窑天青釉弦纹樽稀少，除故宫博物院收藏的这件以外，英国伦敦大维德基金会亦收藏一件。

汝窑在今河南汝州境内，是宋代五大名窑之一，北宋后期成为宫廷御用瓷器的烧制窑口之一。汝瓷的基本色调为淡天青色，釉面隐现一种柔和含蓄的光泽，它既不同于钧瓷的乳光，也不同于哥瓷的脂光，而是一种类似古玉般内蕴的光泽。“宋瓷天下第一”而“汝窑为魁”。历代青瓷中，也应以汝窑为冠。汝瓷制釉要加入名贵的玛瑙研磨而成的粉末，釉色非常独特，有“雨过天青云破处”“千峰碧波翠色来”之美誉。汝窑烧制历史较短，毁于金兵入侵，前后时间不过20年左右，南宋时就有“近尤难得”的记载，流传至今的更是稀之又稀。

3. 定窑白釉孩儿枕

宋代是瓷业发展史上的一个繁荣高峰，各地都出现风格特色不尽相同的著名窑场。北方的定窑瓷器因一度作为北宋的宫廷用瓷，对后世瓷器有很大影响。定窑古遗址在今河北省曲阳县涧磁村、燕山村一带，曲阳在宋代属定州，故称“定窑”。

宋代瓷枕风行，南北方瓷窑均有烧造，样式繁多，造型丰富。故宫博物院收藏的这件孩儿枕，造型设计颇具匠心，孩儿的形象与北宋时期婴戏图、百子图等题材画上的婴孩形象类似。胖孩儿趴卧于榻上，两臂环抱，头部枕于其上，右手持一结带绣球。两足交叠上跷，身穿印花长袍，外套坎肩，下穿长裤，足蹬软靴，神态自然生动，憨态可掬。瓷枕的底座为一长圆形床榻，四面开光，以浮雕形式雕刻螭龙、垂云、卷枝等纹饰装饰。瓷枕整体胎体厚重，施白釉，釉色白中略泛象牙黄色。外底素胎无釉，有

定窑白釉孩儿枕

宋

高 18.3 厘米

长 30 厘米

宽 11.8 厘米

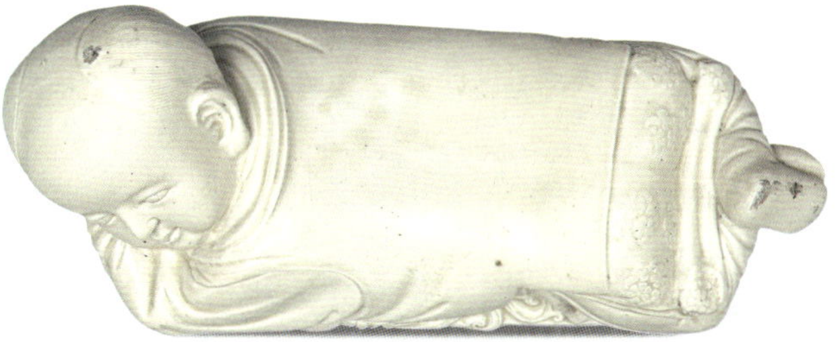

两个排气孔。

整件作品凝聚了古代匠师艺术创造的高超水平，瓷塑造型饱满生动，线条简洁流畅，面部表情刻画极为传神，精确再现了孩儿的形象姿态和特征，堪称中国古代瓷器中的名品，传世品仅有数件，因此更显其珍贵。

4. 青花釉里红镂雕洞石花卉纹盖罐

罐直口，溜肩，腹下渐收，圈足。罐盖面隆起，有狮形纽，饰倒垂莲瓣，莲瓣纹内绘朵云纹。颈部纹饰为缠枝牡丹，肩部纹饰为青花忍

青花釉里红镂雕洞石花卉纹盖罐

元

通高 42.3 厘米

口径 15.2 厘米

足径 18.5 厘米

青花釉里红镂雕洞石花卉纹盖罐（局部）

冬，下垂如意云纹，云头内绘海水浮莲花荷叶纹，云头之间饰折枝牡丹。器腹四面作菱形开光，开光内镂雕洞石及牡丹、菊花等四季花卉，山石、花卉涂铜红釉，叶染钴蓝色釉，红蓝相映生辉。腹下部绘翻卷莲花纹、忍冬纹，近底处绘莲瓣纹。除开光外其他部位均以青花描绘。

此罐器形饱满，工艺复杂，镂花装饰在元代瓷器上较为罕见，且青花与红釉装饰同一器物，制作难度大，加之器形壮硕，能烧造得如此成功实属不易。

5. 德化窑白釉观音坐像

观音双目微合，面形长圆，饱满丰腴，面相慈悲，似在俯视众生。

德化窑白釉观音坐像

明

高 28 厘米

底座径 13.3 厘米

观音发髻高束，正中插灵芝如意头饰，头批羽巾，身着长衫，胸前璎珞珠佩亦作如意形。观音坐于蒲团之上，双手扶膝隐于衣衫之下，一足外露，一足屈掩，作自在之姿。其衣纹自然简练，垂拂流转。像通体施白釉，中空，背后戳印阴文篆书“何朝宗”三字葫芦形款。

明代德化窑白瓷极力追求完美的玉石质感，瓷质温润，似触手生温，在瓷坛上独树一帜。此像的制作者为明代德化瓷塑艺术大师何朝宗，其工艺成就代表了德化窑的最高水平，此像是何朝宗传世塑像中的珍稀之作。

6. 各种釉彩大瓶

瓶洗口，长颈，鼓腹，圈足外撇。颈部两侧置螭耳一对。器身自上而下装饰的釉彩多达15层。装饰使用的釉上彩、釉下彩品种繁多，还有釉上彩与釉下彩相结合的斗彩。使用的釉料有仿哥釉、绿松石釉、窑变釉、粉青釉、霁蓝釉、仿汝釉、仿官釉、酱釉等，可谓琳琅满目。从烧造工艺上看，高温釉和低温釉不可同时焙烧，须根据釉料特性严格区分烧造顺序。如此复杂的工艺程序对工匠要求极高，只有在全面掌握各种烧制技巧的情况下才能顺利完成。

清代乾隆时期，皇帝对瓷器情有独钟，各种新奇淫巧的瓷器成功烧制，御窑厂的瓷器生产在数量和质量上都达到前所未有的高峰。这件各种釉彩大瓶，集多种高温、低温釉彩于一身，有“瓷母”之称，当时各种高超的制瓷技艺集于此瓷瓶一身，传世仅一件，珍贵异常。

各种釉彩大瓶

清乾隆

高 86.4 厘米

口径 27.4 厘米

足径 33 厘米

第三十一话 铁画银钩尽风流

法书不同于书法。法书是对古代名家墨迹的尊称，包含着书法作品之楷模的意思。

明清两代内府集中了历代法书名作，康熙时编纂的《佩文斋书画谱》和乾隆、嘉庆两朝所编《石渠宝笈》均有内府入藏情况的详细记载。20世纪初，逊帝溥仪退位前后，大量的法书作品被秘密携带出宫，后流散各地。由于历史原因，还有一部分藏品保存于台北故宫博物院。五十多年来，由于政府的出资购藏、调拨和众多收藏家如张伯驹先生、陈叔通先生、朱文钧先生、罗福颐先生、邓以蛰先生等的无私捐献，众多精品复归紫禁城，使得故宫博物院的书法宝库得以重建和壮大，建立了清晰的脉络和完整的体系，并饮誉中外。不论是尺牍、诗文，还是写经、抄本，无不意涉瑰奇，思逸神超。它们承载着千年时光流转、朝代更替的深刻印记，也记录着人世间阴晴圆缺、聚散离合的沧桑变幻。

1. 《平复帖》

晋人陆机所书。草隶书，9行86字。内容为：“彦先羸瘵，恐难平复，往属初病，虑不止此，此已为庆。承使唯男，幸为复失前忧耳。吴子杨往初来主，吾不能尽。临西复来，威仪详跱。举动成观，自躯体之美也。思识□量之迈前，势所恒有，宜□称之。夏伯荣寇乱之际，闻问不悉。”（释文据启功《〈平复帖〉说并释文》）

《平复帖》的书写年代距今已有一千七百余年，是现存年代最早并且真实可信的西晋名家法帖。以秃笔写于麻纸之上，笔意婉转生动，风格平淡质朴，其字体经考证应为草隶书，除巨大的艺术、审美价值之外，在文字演变等研究领域的地位亦不可低估。

尾幅前有题签“晋平原内史吴郡陆机士衡书”，隔水有宋徽宗泥金题签“陆机平复帖”，根据卷末董其昌、溥伟、傅增湘、赵椿年等人的题跋，可以使我们了解到《平复帖》的历代递藏情况。此帖宋代入藏宣和内府，明万历年间归韩世能、韩逢禧父子，后又归张丑。清初递经葛君常、王济、冯铨、梁清标、安岐等人之手归入乾隆内府，再赐给皇十一子永瑆。光绪年间为恭亲王奕䜣所有，后其孙溥儒为筹集亲丧费用，将此帖出售，经傅增湘从中斡旋，由张伯驹以巨金购得。1956年，张伯驹、潘素夫妇将《平复帖》捐献国家。

《平复帖》
晋 陆机
纸本
纵 23.7 厘米
横 20.6 厘米

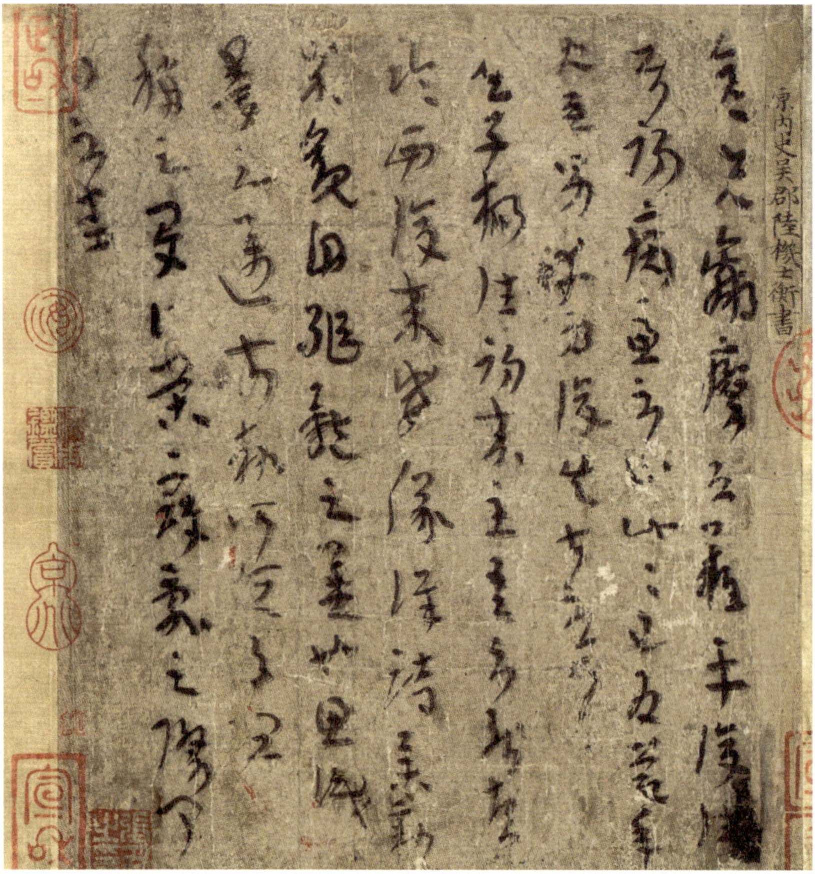

清吴其贞《吴氏书画记》、卞永誉《式古堂书画汇考》、顾复《平生壮观》、安岐《墨缘汇观》等书著录。

2. 《中秋帖》

《中秋帖》为东晋王献之所作，是著名的古代法书作品，曾被乾隆皇帝誉为“三希”之一，意即稀世珍宝，专门收贮于养心殿西暖阁的里间，

《中秋帖》

晋 王献之

纸本

纵27厘米

横11.9厘米

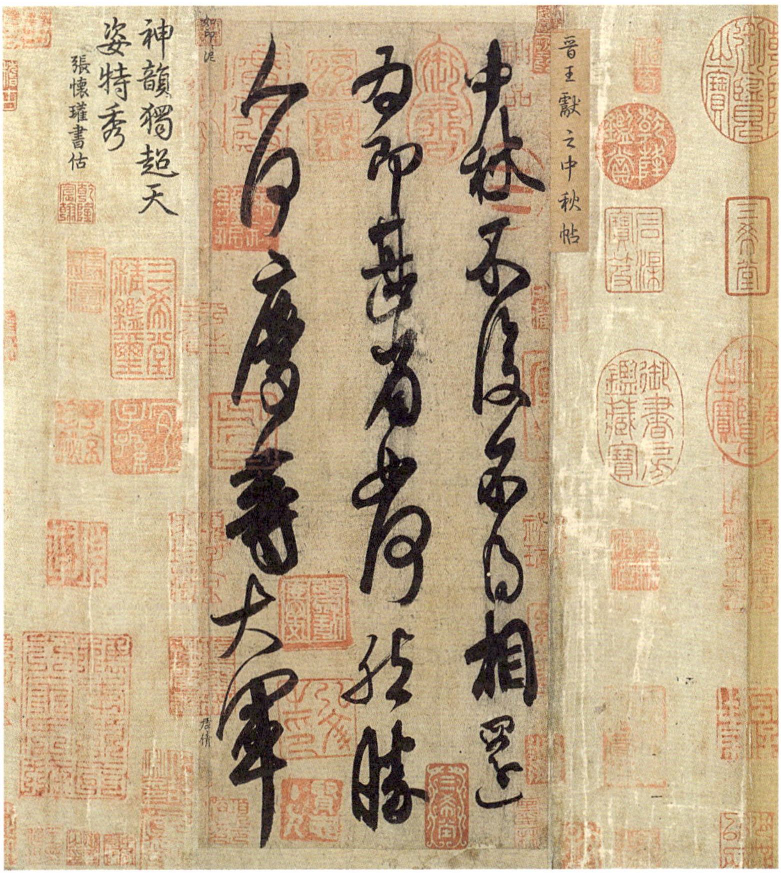

并将此地名之为“三希堂”。

行书3行，共22字，内容为：“中秋不复不得相还为即甚省如何然胜人何庆等大军。”无署款。据当代书画鉴定家研究，大多认为是宋代米芾据王献之《十二月割帖》所临的不完全临本，故同样宝贵。此帖以竹纸写成，墨色浓重，笔意婉转流动，运笔疾徐有法，富有节奏感，通篇笔力矫健，气势磅礴，给人以酣畅淋漓之感。乾隆皇帝“神韵独超，天姿特秀”的赞誉可谓贴切。

此帖曾经宋代宣和、绍兴内府，明代项元汴、吴廷，清代内府收藏。民国时溥仪将其携出宫外，流散民间。1951年底，政府出资自香港购回，入藏故宫博物院。

《中秋帖》曾被收录于宋内府《宣和书谱》。明代张丑《清河书画舫》《清河见闻表》《清河秘箧表》，汪砢玉《珊瑚网书跋》内亦有著录。及至清代顾复《平生壮观》，卞永誉《式古堂书画汇考》，吴升《大观录》，内府《石渠宝笈·初编》等书均著录此作。

3. 《伯远帖》

《伯远帖》是晋代王珣写的一封信，是传世晋人墨迹中唯一署有名款者。全帖5行47字，原文为：“珣顿首顿首，伯远胜业情期群从之宝。自以羸患，志在优游。始获此出意不克申。分别如昨永为畴古。远隔岭峤，不相瞻临。”本帖行笔自然流畅，丰神俊秀，为行书早期的典范之作。

此帖与陆机《平复帖》为现今仅存的两件晋代名人法书。王珣《伯远帖》自乾隆十一年（1746）进入内府，乾隆皇帝多次品题，乾隆十二年（1747）又精选内府所藏魏、晋、唐、宋、元、明书家真迹，摹勒上石，命名《三希堂法帖》。

溥仪出宫之时，敬懿皇贵妃将此帖带出宫，流散在外。1950年周恩来总理指示将《伯远帖》和《中秋帖》一同购回，交故宫博物院收藏。

《宣和书谱》《画禅室随笔》《书画记》《平生壮观》《墨缘汇

观》《式古堂书画汇考》《佩文斋书画谱》《石渠宝笈·初编》《古书画过眼录》等书著录。

4. 冯承素摹《兰亭序》卷

晋穆帝永和九年（353）三月三日，时任右将军、会稽内史的王羲之和朋友及子侄辈40余人，在山阴兰亭举行“修禊”盛会，宴饮赋诗。《兰亭序》即是王羲之为这次雅集所作的序文。后历朝历代都对王羲之的书法倍加推崇，将他尊为中国的“书圣”，《兰亭序》则被称为“天下第一行书”。《兰亭序》在存世王帖中字数最多（刻本小楷不计在内），保存原貌最好，不仅书法艺术至佳，而且文章本身也有很高的文学艺术水平。

唐初临摹《兰亭序》之风在文人雅士之中盛行，此本表现原作笔墨最为真切，因卷首有唐中宗李显神龙年号小印，故称“神龙本”。其以楮纸两幅拼接，纸质光洁精细。后纸有明代项元汴题记“唐中宗朝冯承素奉勒摹晋右军将军王羲之兰亭禊帖”，遂定为冯承素摹本。

《兰亭序》帖真迹被唐太宗殉葬昭陵，后世所传兰亭摹本，分为墨本和刻本。本卷前隔水有“唐摹兰亭”四字标题，引首乾隆题“晋唐心印”四字。尾纸有宋至明20余家题跋、观款，钤鉴藏印180余方。

王羲之是中国书法艺术史上的巨匠，最能代表他书法艺术成就的就是《兰亭序》。《兰亭序》全文28行，324字，出现20个“之”字，5个“怀”字和7个“不”字，无一雷同，富于变化。整幅作品纵笔天成，精妙绝伦，可谓是“天人合一”之作。据说王羲之回家酒醒之后，意犹未尽，伏案在纸上挥毫“更书数十百本，终不及之”，原作的

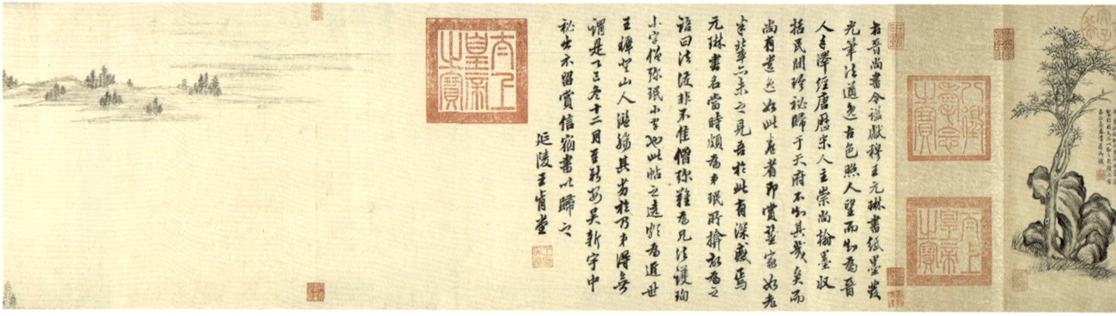

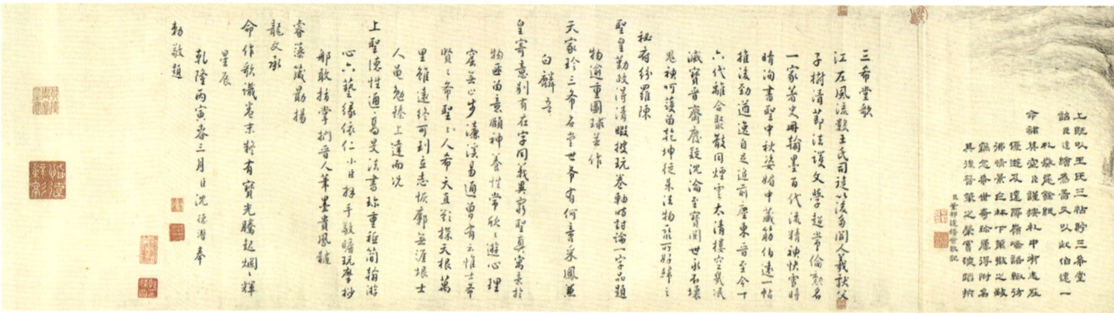

《伯远帖》
晋　王珣
纸本
纵 25.1 厘米
横 17.2 厘米

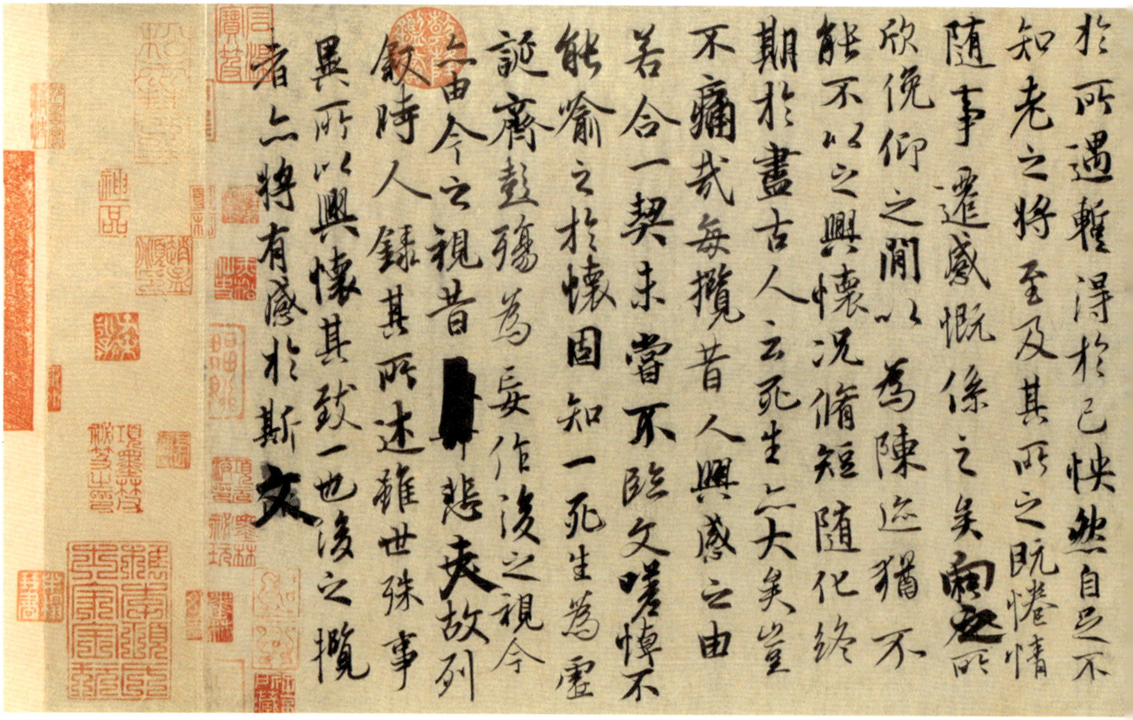

精妙再也不能求得。米芾称之为“天下第一行书”，真乃名副其实。

《兰亭序》在书法艺术史上的超绝地位，与历代帝王的喜好和推崇是分不开的。其中唐太宗对王羲之书法推崇备至，甚至可以称得上是痴迷。对王羲之的书法，太宗“玩之不觉为倦，览之莫识其端，心慕手追，此人而已”，不仅自己临仿，还命供奉拓书人赵模、韩道亨、冯承素、诸葛贞各拓数本，赐给皇子和贵戚近臣，最后还以真迹殉葬。虞世南、褚遂良以及欧阳询等人也有临本。

冯承素摹《兰亭序》卷
唐　冯承素摹
纸本
纵 24.5 厘米
横 69.9 厘米

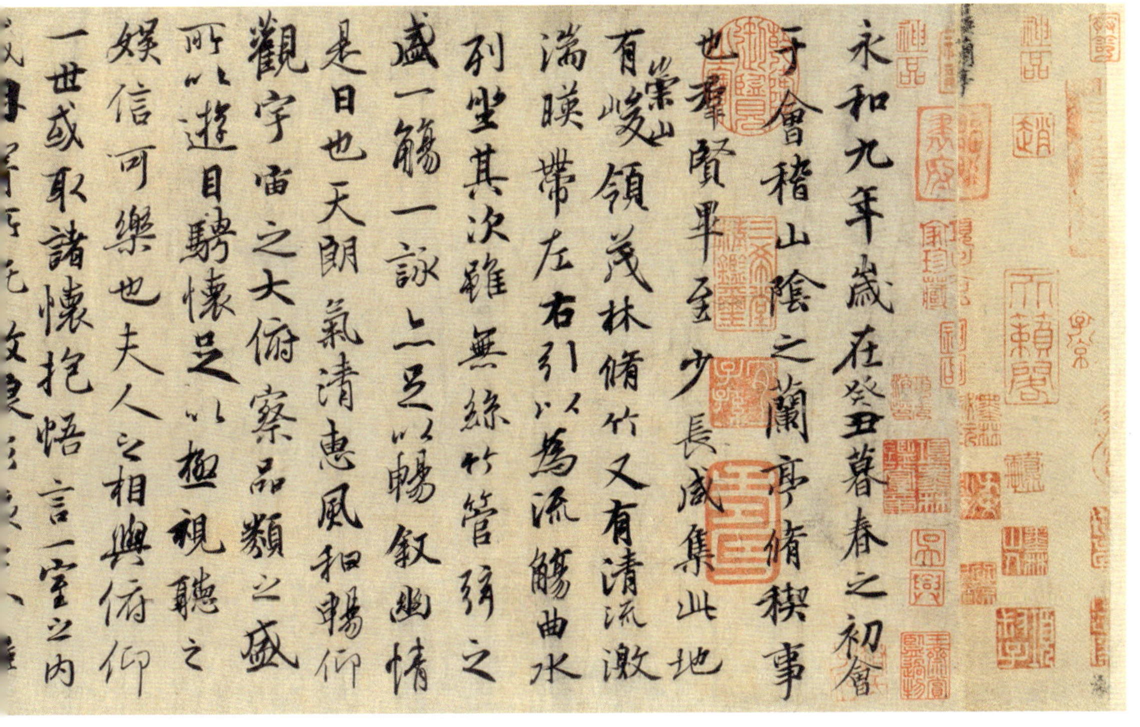

5. 《苕溪诗》卷

北宋书法大家米芾所作。全卷 35 行，共 394 字，末署年款“元祐戊辰八月八日作”，知作于宋哲宗元祐三年（1088），时米芾 38 岁。开首有句“将之苕溪戏作呈诸友，襄阳漫仕黻”，是他客居无锡时与朋友的临别之作。

此卷结体欹侧多姿，书风真率自然，通篇变化有致，意趣盎然，反映了米芾中年书迹的典型面貌。吴其贞《书画记》评此帖曰：“运笔潇

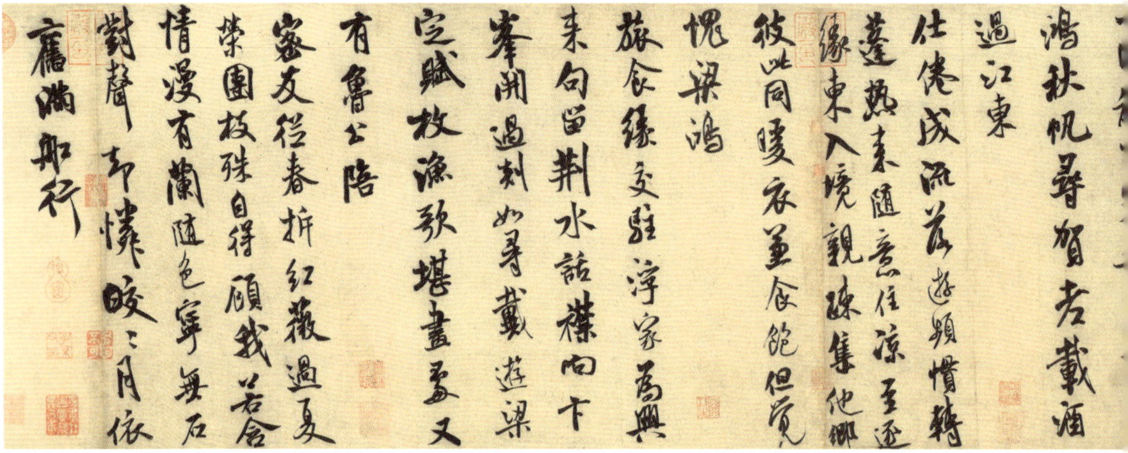

洒，结构舒畅，盖教颜鲁公化公者。”道出了此书宗法颜真卿又自出新意的艺术特色。《苕溪诗》卷和《蜀素帖》并称米家“双璧”，是米芾的代表作之一。

据鉴藏印记，知此帖曾藏入南宋绍兴内府，明代经杨士奇、陆水村、项元汴诸家收藏，后入清乾隆内府，并刻入《三希堂法帖》。溥仪出宫时，将此卷携带至沈阳，后流入民间，人为损坏，缺“念”“善心功”“不厌”6字，半缺“载酒”2字，少缺“岂”“觉”“冥”3字。后经故宫博物院杨文彬、郑友竹修补，使世人得以窥其全貌。

6. 《洛神赋》卷

元代书画大家赵孟頫所作。全卷共80行，末署款“子昂”，无年款。从书法风格看，应是其50岁左右的作品。卷末有元代李倜，明代高

《苕溪诗》卷
北宋　米芾
纸本
纵 30.3 厘米
横 189.5 厘米

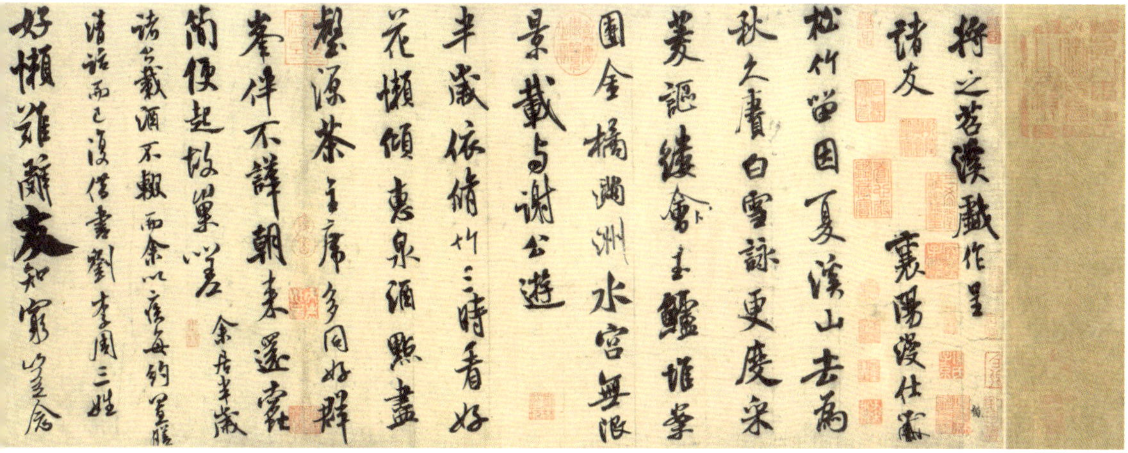

启，清代王铎、曹溶题跋。前隔水有王铎“戊子五月”又题。

赵孟頫是元代书画艺术领域的一座高峰，书风遒媚秀逸，被后人称为“赵体”，与欧阳询、颜真卿、柳公权并称“楷书四大家”，对元人和后世均产生极大影响。

此卷《洛神赋》为赵氏行书代表作。此卷笔法苍沛，结字劲媚，行中兼楷的结体、点画，深得二王遗意的同时又呈现自身的特色，显示出他博取古人之长而又自成一体的艺术特色，是其同类行书作品中最为精彩的一件。

本卷共钤印 37 方，清内府《石渠宝笈》、卞永誉《式古堂书画汇考》均有著录。

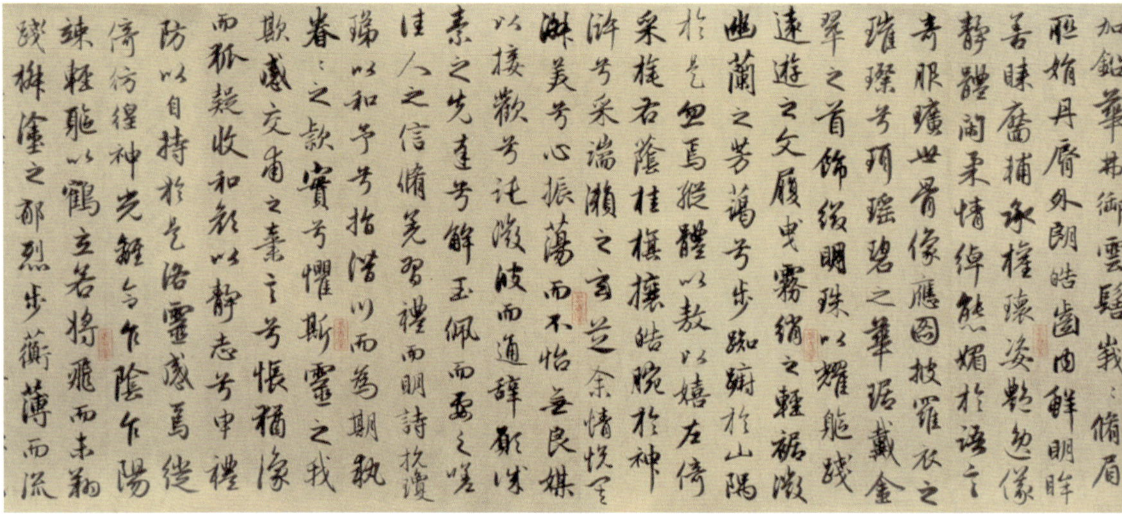

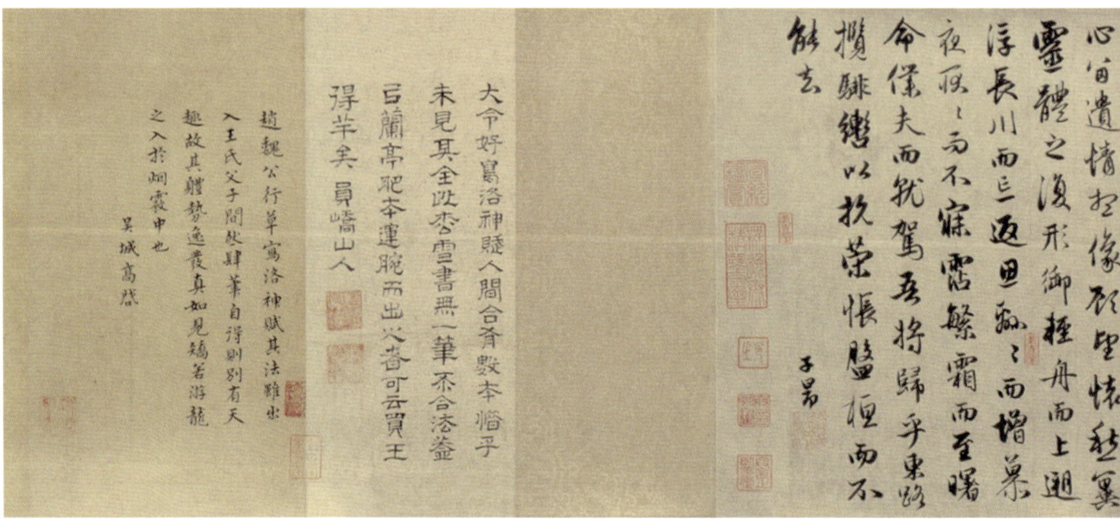

《洛神赋》卷

元 赵孟頫

纸本

纵 29 厘米

横 220.9 厘米

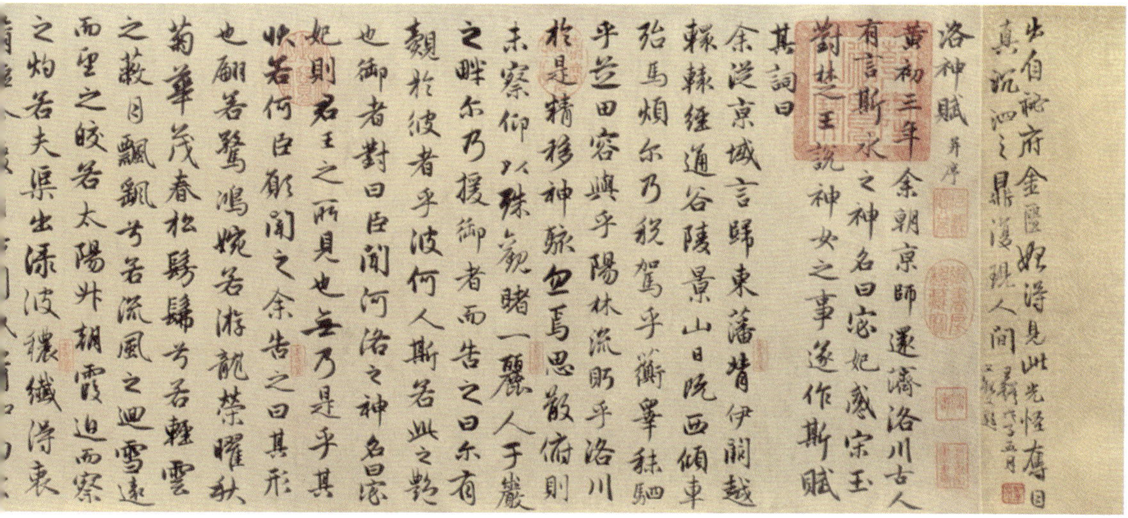

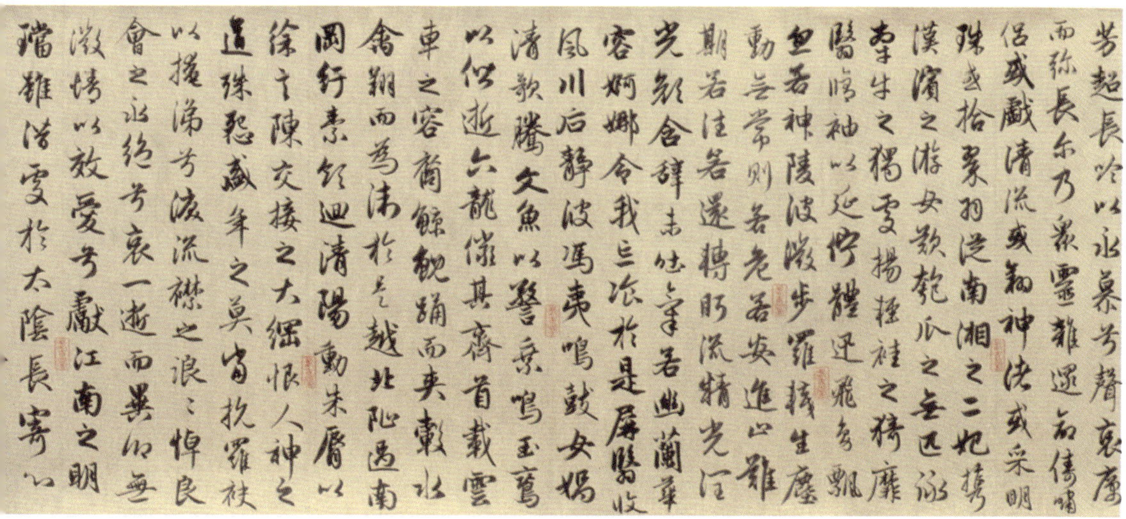

第三十二话 雕梁画栋夺天工

紫禁城南北长961米，东西宽753米，四面围有高10米的城墙，城外有宽52米的护城河，可谓是固若金汤。由8000多间建筑形成的宫殿群规模宏大，庄严巍峨。故宫里的每一座宫殿建筑、每一扇朱漆宫门、每一件宫廷陈设、每一片琉璃瓦当都承载着丰富的历史文化信息。故宫博物院最重要的建筑文物，就是世界上现存规模最大、保存最完整的木结构古代宫殿建筑群，代表着中国传统官式建筑的最高成就。

1. 太和殿

俗称“金銮殿”，明永乐十八年（1420）建成，初称奉天殿。嘉靖

图上 太和殿外景

图下 太和殿内景

四十一年（1562）改称皇极殿。清顺治二年（1645）改称太和殿。今天所见为清康熙三十四年（1695）重建后的形制。太和殿面阔11间，进深5间，整个大殿高35米多，长达60米，宽为33米。太和殿是紫禁城内规模最大的殿宇，也是中国古代建筑中开间最多、屋顶最高、进深最大的一座宫殿。太和殿的殿顶为重檐庑殿顶，屋脊两端安有重约4300千克的大吻。檐角安放10只走兽，数量之多为现存古建筑中所仅见。殿内地面由金砖铺墁，正中的金漆台基上安放着象征最高权力的龙椅宝座。宝座两侧是6根沥粉贴金的盘龙金柱。大殿顶部有雕刻蟠龙衔珠的藻井。整个大殿庄严肃穆，金碧辉煌。

太和殿是明清两朝举行盛大典礼的地方，如皇帝登极即位、皇帝大婚、册立皇后、命将出征等。此外每年元旦、冬至、万寿三大节等家国大事，皇帝都在此接受文武官员的朝贺，并向王公大臣赐宴。清初，还曾在太和殿举行殿试，乾隆五十四年（1789）始，殿试改在保和殿举行，但公布名字、觐见皇帝的“传胪”仍在太和殿举行。

太和殿是紫禁城内体量最大、等级最高的建筑物，建筑规制之高，装饰手法之精，堪列现存中国古代建筑之首。

2. 午门

午门是紫禁城的正门，位于紫禁城南北轴线上，正南向阳，位当子午，因而得名“午门”。明永乐十八年建成，清顺治四年（1647）重修，嘉庆六年（1801）再次重修。

午门的城墙呈“凹”字形，左右两边向前延伸，这个结构从汉代的门阙演变而来，沿袭了唐朝大明宫含元殿以及宋朝宫殿丹凤门的形制。午门分上下两部分，上为城楼，下为墩台。正中门楼1座，面阔9间，进深5间，重檐庑殿顶。门楼两翼各有廊庑13间，俗称“雁翅楼”。廊庑两端建有重檐攒尖顶的阙。正楼两侧有钟鼓亭各3间，皇帝亲临天坛、地坛祭祀时鸣钟，到太庙祭祀时击鼓，每遇大型活动则钟鼓齐鸣。午门整座建筑高低错落，左右呼应，形若朱雀展翅，故又有“五凤楼”

图上 午门
图下 《康熙南巡图》中的午门

之称。下部墩台有5座门洞，正中开3门，两侧各有1座掖门，俗称“明三暗五”。5个门洞的用途各有不同：中门为皇帝专用，平时不开。皇帝大婚时，皇后乘坐的凤舆可以从中门进宫，另外通过殿试选拔的状元、

榜眼、探花，在宣布殿试结果后可从中门出宫走一次。常朝时，东侧门供文武官员出入，西侧门供皇室王公出入。两掖门只在举行大型庆典时开启，官员按照文东武西的规矩由掖门出入，参加殿试的文武进士按名次，单数走左掖门，双数走右掖门。

每年十月初一，要在午门举行颁布次年历书的“颁朔”典礼。遇有重大战争，大军凯旋时，要在午门举行“受俘礼”。另外，午门也是明代皇帝处罚大臣的“廷杖”之处。每逢重大典礼及重要节日，都要在这里陈设体现皇帝威严的仪仗。

3. 乾清宫

乾清宫为内廷后三宫之一。始建于明永乐十八年，明清两代数次被焚毁，又数次重建，现在大家在故宫博物院看到的乾清宫为清代嘉庆三年（1798）所建。乾清宫面阔9间，进深5间，坐落在单层汉白玉石台基之上，高24米，建筑面积为1400平方米，黄琉璃瓦重檐庑殿顶，是后寝最高大的宫殿。殿前月台之上，安放铜龟、铜鹤、日晷、嘉量，设4座镏金香炉，正中出丹陛，接高台甬路与乾清门相连。后檐两金柱间设屏，屏前安放宝座，上方悬挂“正大光明”匾。东西梢间为暖阁，后檐有仙楼，两尽间为穿堂，可通往交泰殿、坤宁宫。殿内金砖墁地。

乾清宫建筑规模为内廷之首，明代作为皇帝的寝宫使用，自永乐皇帝朱棣至崇祯皇帝朱由检，14位皇帝曾在此居住。由于宫殿高大，空间宽敞，皇帝在此居住时曾分隔数室。明代乾清宫也曾作为皇帝守丧之处。清代雍正皇帝移住养心殿以后，乾清宫成为皇帝召见廷臣、批阅奏章、处理日常政务、举行日常典礼活动、接见外藩属国陪臣和岁时受

图上 乾清宫全景

图下 乾清宫内宝座

贺、举办筵宴的重要场所。一些日常办事机构，还有皇子读书的上书房，也都迁到乾清宫周围的庑房，使乾清宫的职能大大加强。雍正皇帝确立了秘密立储制，将装有继承人名单的建储匣放于乾清宫“正大光明”匾后。康熙、乾隆两朝也在这里举办千叟宴。

4. 雨花阁

雨花阁坐落在内廷外西路春华门内，是宫中佛堂里规模最大的一处。雨花阁在明代为隆道阁、道心阁，阁内供奉道教三清诸神。清乾隆年间，仿照西藏阿里古格的托林寺坛城殿，在原有明代建筑的基础上建成一座藏传佛教的密宗佛堂，于其中供奉西天梵像。

雨花阁为楼阁式建筑，四角攒尖顶，上设镏金宝顶，4条飞龙匍匐在屋脊之上。屋顶各部件均为铜镏金质地，阳光照射下溢彩流光，引人注目。雨花阁外观3层，一、二层之间设有暗层，为“明三暗四”的格局。底层面阔3间，进深3间，四周出廊。屋顶南北面为卷棚顶，东西面为歇山顶，屋面覆绿琉璃瓦，屋脊和屋面剪边使用黄琉璃。檐下使用白玛曲孜、兽面梁头等作为装饰，屋内天花装饰六字真言及法器图案。该建筑形制在紫禁城内可谓独具一格，具有浓郁的藏传佛教建筑风格。雨花阁的设计严格按照藏密的事、行、瑜伽、无上瑜伽四部安排。底层称智行层，悬乾隆御题“智珠心印”匾额，供奉无量寿佛等事部主尊，佛龛之后有乾隆十九年（1754）制掐丝珐琅立体坛城3座。暗层称德行层，楼梯间前设供案，供行部佛像9尊，以宏光显耀菩提佛为中心，佛母和金刚各4尊分列左右。二层称瑜伽层，供瑜伽部佛像5尊。顶层称无上层，供奉密集金刚、大威德金刚、上乐金刚各1尊。

雨花阁北立面

雨花阁屋顶
鎏金飞龙

每年四月初八日，宫中派喇嘛五名在雨花阁无上层诵念《大布畏坛城经》。二月初八日、八月初八日，派喇嘛十名在瑜伽层诵念《毗卢佛坛城经》。三月初八日、六月初八日、九月十五日、十二月十五日，派喇嘛十五名在智行层诵念《释迦佛坛城经》。每月初六日，在德行层安放《乌卜藏经》。雨花阁是目前我国保存最完整的藏密四部神殿，对于藏传佛教领域的研究具有重要意义。

图上 养心殿正殿

图下 养心殿透视图

5. 养心殿

明代嘉靖年建，位于内廷乾清宫西侧，西一长街遵义门内，建筑的整体形态呈“工”字形，分前后二殿。康熙年间，这里曾是宫中造办处作

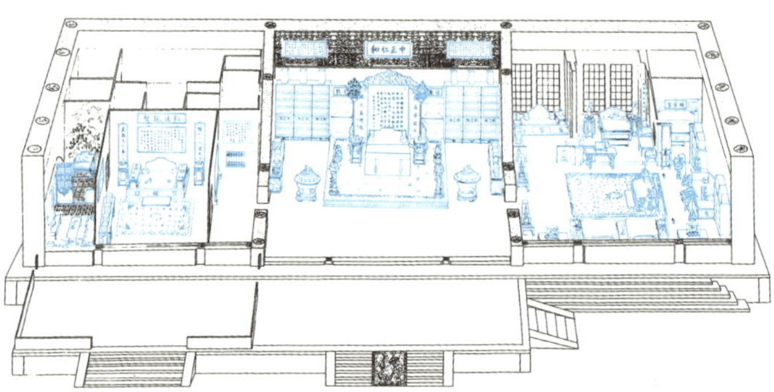

坊，制作宫廷御用物品。自雍正皇帝移住养心殿后，造办处的作坊迁出内廷，这里就一直作为清代皇帝的寝宫。乾隆年间对养心殿及周边加以改造、添建，成为皇帝召见群臣，处理日常政务，读书，学习及居住的多功能建筑群。直到溥仪出宫，清代共有8位皇帝先后居住在养心殿。

养心殿前殿面阔3间，黄琉璃瓦歇山顶，明间、西次间接卷棚抱厦。明间正中设御案、宝座，上悬雍正御笔“中正仁和”匾，皇帝在此处接见朝廷官员。旁边的西暖阁分隔为数室，有皇帝批阅奏折、与大臣商议国家大事的小室，曰“勤政亲贤”殿，有乾隆皇帝的读书处三希堂，还有小佛堂、梅坞，是专供皇帝供佛、休息的地方。东暖阁内

设宝座，向西，这里曾经是慈禧、慈安两太后垂帘听政之处。宣统三年（1911）辛亥革命爆发，溥仪也是在这里召开“御前会议”，做出退位决定的。

养心殿的后殿是皇帝的寝居之所，面阔5间，东西梢间为寝室，都设有龙床，皇帝可随意居住。后殿两侧各有耳房5间，作后妃陪皇帝夜宿时临时居住之用，东五间为皇后随居使用，西五间供贵妃等人使用。同治年间两宫皇太后垂帘听政时，慈安住在东侧的“体顺堂”，慈禧住在西侧的“燕喜堂”，上朝及处理政务十分方便。养心殿南侧有御膳房，制作皇帝日常膳品为多。

6. 角楼

紫禁城城垣四隅之上各有1座角楼，建成于明永乐十八年，清代重修。

角楼是紫禁城城池的一部分，它与城垣、城门楼及护城河同属于皇宫的防卫设施。

角楼坐落在白色须弥座之上，周围环绕白玉石栏杆。中为方亭式，面阔3间，进深3间，每面8.73米，四面明间各加抱厦1间，靠近城垣外侧面积局促，故抱厦进深仅为1.6米，而城垣内侧较为开阔，抱厦进深增大为3.98米，从平面图看是中点交叉的两个十字形曲尺楼，设计比例和谐，结构复杂精妙。

角楼本身通高16.9米，加上城墙高度，共27.1米，覆黄琉璃瓦顶。上层檐由纵横相交四面显山的歇山顶和四角攒尖顶组成，正脊交叉处置铜镏金宝顶。檐下施单翘重昂七踩斗栱。二层檐四面各加一歇山式抱厦，四角各出1条垂脊，多角搭接相互勾连，檐下单翘单昂五踩斗栱。

角楼

角楼局部

下层檐四面采用半坡腰檐，四角出垂脊，用围脊连贯，檐下重昂五踩斗栱。下层檐和二层檐实际上四面各是一座重檐歇山顶加垂脊集合在一起的屋顶形式。角楼梁枋以龙锦方心墨线大点金旋纹彩画为饰，三交六椀菱花槅扇门和槛窗极为精致。

角楼采用减柱造做法，室内减去4根立柱，扩大了空间利用面积。在房屋构架上采用扒梁式做法，檐下梁头不外露，从外观上更加突出装饰效果。

紫禁城的4座角楼，整体造型玲珑别致，檐角秀丽飞扬，突出展示了我国古代木构建筑灵活多变的传统做法。在保证使用功能的前提下，将装饰效果发挥到了极致，展现了我国古代建筑工匠的精湛技艺和卓越才能，是中国古代建筑艺术的杰作。

第三十三话 蓝田日暖玉生烟

《说文解字》中说，“玉，石之美”。中国有使用、鉴藏玉石的悠久历史，古人对玉怀着崇拜和珍视的感情。古人认为玉是祥瑞，有辟邪的功能，可以调节阴阳，给山水带来灵气，给万物以生机。人们佩戴玉石能够显示身份地位和权柄，表现佩戴者的财力，也有利于人的健康。同时，古人有“君子比德于玉”的思想，用佩玉来进行品德心性的修炼，是谓“君子无故，玉不去身”。可以说，玉器在中国古代的社会政治生活中有特殊的功能和文化内涵。

故宫博物院古代玉石器收藏数量约在31000件，主要构成是清宫遗

大玉龙
新石器时代红山文化
曲长 60 厘米
直径 2.2～2.4 厘米

存。藏品中玉器占了绝大部分，亦有水晶、玛瑙、青金石、芙蓉石、孔雀石、珊瑚等各种珍贵宝石制成的器物，品种齐全，工艺精湛。故宫博物院玉器藏品按时代可划分为元代以前古玉、明代玉器、清代玉器三部分。元代以前的玉器藏品中，有当代考古发掘的精品及传世古玉中的珍品，其中一些原为宫廷珍藏，世所罕见。明代玉器多数为明宫遗存及清宫收藏，是研究明玉的珍贵资料。大量的清代玉器主要为清代宫廷用玉及各级官员进贡的玉器珍玩，囊括了清代玉器使用的方方面面，全面反映了清代玉器的制造、使用和文化内涵。

1. 大玉龙

其玉料为淡绿色老岫岩玉，内有大片白色絮斑。龙体较粗大，卷曲，呈倒“C”形。双目浅浮雕，龙身圆雕光素，鼻上翘，长鬣后飘。

玉螭凤云纹璧
战国
宽 14.2 厘米
璧径 11.5 厘米

此玉龙因其吻前伸，前端凸且翘，因此又有人称之为玉猪龙。其造型夸张、奇特，通身线条流畅优美，兼具写实与抽象手法，结构虽简洁，却满盈着生命力，质朴而粗犷，是早期氏族艺术的代表作。

2. 玉螭凤云纹璧

白玉，局部有褐色，圆形。璧两面饰勾云纹，勾云略凸起，其上再刻阴线成形。璧孔内雕螭龙，挺胸张口，独角，身侧似有翼，尾长并饰绳纹。璧外两侧各雕一凤，长身，头顶出长翎，身下有长尾卷垂，顶翎及尾羽皆有孔可穿系。

此玉璧螭龙、凤鸟造型生动细致，璧表面的纹饰没有采用常见的谷纹、蒲纹、乳丁纹，而是采用了勾云纹，与螭龙、凤鸟的造型珠联璧合。目前所见战国玉璧中此件最为精致，玉质极佳。从样式上判

玉辟邪

汉

长 13.2 厘米

宽 4.8 厘米

高 8.6 厘米

断，应是佩挂于人身上的成组玉佩中部的主要饰件，佩带者应具有很高的社会地位。

3. 玉辟邪

玉料深褐色，圆雕异兽，卧弓状，圆目，张口，颈部下弯，头顶有角，身侧有翼，长尾。

汉代玉器的雕刻取材广泛，许多动物、人物题材的作品形象生动，尤以各种不同形象的异兽最为精彩。这些异兽被赋予祥瑞、辟邪的属性，造型上刚猛劲健。在多处汉代遗址的考古发掘中有数件此类玉制品出土，传世玉器中也有少量遗存。这件玉辟邪形态威猛，似汉代常用的螭虎纹饰，神态威严，造型表现力与雕琢工艺都具有很高的水平，是此类作品中的精品。此物件有一定的重量且重心低，可作玉镇使用。

青玉八仙纹执壶
明
通高 27 厘米
口径 6 ~ 7.8 厘米
足径 6.5 ~ 8.2 厘米

4. 青玉八仙纹执壶

壶青玉质，有大片絮斑，绺裂。体扁圆形，细颈，阔腹，圈足。盖纽作寿星持杖骑鹿，盖表面浅浮雕仙鹤流云，盖缘刻 1 周山字纹。兽吞式流，执柄上雕一立兽。流与颈间雕饰灵芝纹。器两面凸雕八仙、山石、仙鹤、松树、花草等图案，口沿和足亦刻山字纹 1 周，高足之上饰弦纹 2 周。壶颈两侧有分别有剔地阳纹行书五言诗 1 首，其一为："玉斝千巡献，蟠桃五色匀。年来登鹤算，海屋彩云生。"末署"长春"。

其二："芳宴瑶池熙，祥光紫极缠。仙翁齐庆祝，愿寿万千年。"末署"永年"。

执壶为盛酒器，初见于初唐时期，及至明代，玉执壶成为玉器中独具特色的一类，造型多借鉴其他工艺门类。图案丰富多彩，加之道教盛行的影响，许多道教题材成为常见的工艺装饰元素，八仙图案即为其一。花草和山石图案清朗洒脱，盖缘、口沿和足部的山字纹更反映出明代艺匠的美学倾向。颈部雕刻的2首行书五言诗运笔流畅，使此壶在铭文不多的明代玉器中更显珍贵。

5. 大禹治水图玉山

青玉，有绺裂及墨斑、褐斑。大禹治水图玉山，是清代最大的玉雕作品，重达5000余千克。以我国新疆和田密勒塔山出产的整块青玉制成，下面承以铜嵌金丝山形座。主题雕成陡峭险峻的大山，间杂树木巨石、洞壑峭壁。大禹带领工匠在正面山腰上劳作，追随他的民众也在凿石开山，使水就下。玉山生动再现了大禹治水的伟大劳动图景，气势雄浑，宏伟壮观。

玉山正面中部篆刻"五福五代堂古稀天子之宝"和"天恩八旬"二章。背面上部阴刻乾隆御题诗《题密勒塔山玉大禹治水图》，下部刻"八徵耄念之宝""古稀天子之宝""犹日孜孜"三印。

很多来到故宫博物院参观的人看到大禹治水图玉山，在惊叹鬼斧神工般的雕刻技艺的同时，也不禁发出这样的疑问：在运输水平不甚发达的古代，如此巨大沉重的玉山是如何千里迢迢从新疆运到北京的呢？乾隆皇帝的诗文中有提及，"密勒塔山……采得大玉，由冰而拽运至京师"，密

大禹治水图玉山

清乾隆

高 224 厘米

宽 96 厘米

座高 60 厘米

重约 5330 千克

和田白玉错金嵌宝石碗
清乾隆
高 4.8 厘米
口径 14.1 厘米
足径 7 厘米

勒塔山就是大禹治水图玉山石料开采的地方，再综合其他相关史料可知，运输一块大玉料，需要制作轴长约 12 米的特大木车，前面有 100 多匹马一起拉动，后面还需要上千名役夫借用特殊的装置推运。逢山凿岩，遇水架桥，冬天在路面泼水结冰后，在冰面上拽运，每天只能走六七里。《回疆通志》称，和田到北京的距离有“一万一千一百零五里”，计算下来，需要 3 年的时间才能将石料运至北京。

6. 和田白玉错金嵌宝石碗

清宫旧藏。质地为白玉，玉质莹白光洁。腹内壁有阴文楷书乾隆帝御制诗《咏和田白玉碗》1 首。碗外壁在白如凝脂的玉上阴刻花卉、枝叶，错以黄金，镶包红宝石，底足亦嵌饰金枝叶，显得豪华富丽，且具异域风情。本器有典型的痕都斯坦风格，此碗具有独特的艺术神韵和精湛的制作技艺，自制成后乾隆皇帝珍爱异常，甚至在庆典活动时还被当作御殿赐茶的用具。

第三十四话 藏礼于器溯上古

中国青铜器向来以造型优美、纹饰华丽、种类繁多、制造精巧著称，并以其独特的艺术形式在艺术史上占有极其重要的地位。青铜文化是人类文明发展到一定阶段的产物，是古代中国走向文明时代的重要标志之一。青铜器的制造和发展，历代绵延不断。我国大件青铜器在夏朝晚期开始出现，到商朝出现了大量纹饰繁缛、气势恢宏的青铜器。出土的西周、东周时期的青铜器，有相当数量刻有长篇铭记历史事件的文字，意义和价值非凡，这是中国青铜文化的特有现象。

所谓青铜器，广义上指所有用青铜制造的器具；狭义上讲，是根据礼乐制度的需要制作的一批有特殊意义的铜质器物，即青铜礼乐器。传说夏禹铸九鼎，是国家社稷的象征，占有九鼎意味着拥有王权。贵族不同的身份等级可以拥有不同数量的鼎，等级制度非常严格。鼎彝或陈列于宗庙，或于墓室随葬，称为“礼器”，是先秦贵族等级身份的标志。这种制度在西周臻于完善，称为“周礼”，对我国数千年历史的发展曾产生过重大影响。铁质生产工具的大量使用标志着青铜器在日常生活中的衰微，但随着礼仪传统的延续，青铜礼器作为藏礼的工具，在历代礼仪制度中，仍占据着不可替代的地位。

汉代以来，青铜礼乐器时有出土，纹饰威严华美，气度雄伟肃穆，加之王权的象征之意，深得历代帝王喜爱，被视为国之祥瑞。皇室广为搜求，民间也积极响应贡献，青铜器遂逐渐成为皇家的重要典藏。宋徽宗曾下令集宣和殿所藏青铜器839件编成《宣和博古图录》。清乾隆年间，则将内府所藏青铜器著录，编成《西清古鉴》《西清续鉴甲编》《西清续鉴乙编》《宁寿鉴古》等。

清代宫廷收藏的青铜器，乾隆年间即已达数千件，一部分在1949年迁至台湾，一部分流散在外，但仍有一部分保留在故宫。1949年以后，大量青铜器由于政府调拨、私人捐献和本院收购陆续入藏故宫博物院，现故宫博物院藏历代青铜器15000余件，其中先秦青铜器达万件左右，数量之多在国内博物馆首屈一指。时代序列完整、品类齐全，是青铜器研究不可或缺的实物资料。

1. 三羊尊

尊为大口广肩型，器口外折，颈部有3道凸弦纹，肩部装饰3只高浮

三羊尊
商代后期
高 52 厘米
口径 41.2 厘米
重 51.3 千克

雕羊首。腹部回纹地上有3组兽面纹，用夸张的手法突出了兽面上的眼睛，增加了肃穆庄重的气氛。圈足较高，上有2条凸弦纹，中间有3个等距离的较大圆形孔，这是商代铜器的典型特征之一。全器图案布局复杂密集，繁而不乱，是目前我国发现的同类器物中之最大者。

这件尊是分两次铸造的，先铸尊体，在肩部相应的位置上预留孔道，然后在孔道上搭制陶范，将羊首与器身合铸。这说明3000年前的古代先民已经掌握了复杂精湛的技术，冶铸工艺也达到了很高的水平。

2. 亚醜方尊

尊方形，侈口，鼓腹，高圈足。肩上四角各饰象首1只，大耳，卷鼻，露齿，象首间夹饰兽首，角呈花瓣状。颈、腹、足均饰8条棱脊，

亚醜方尊
商代后期
高 45.5 厘米
宽 38 厘米
口径 33.6×33.4 厘米
重 21.5 千克

兽面纹和夔纹是主体纹饰，以雷纹作地。口内侧铸铭文2行9字，大意为：亚醜族祭祀诸位王后和太子的宝器。尊是盛酒器，方尊传世较少，有50件上下，器形不一。

3. 兽面纹兕觥

兕觥失盖，形体椭圆侈口，口上有流，鼓腹，高圈足，鋬上铸一兽。流、腹、足上起扉棱。通体以雷纹为地，口饰夔纹，腹部饰兽面纹，流上饰长尾鸟纹。

兽面纹兕觥
商代后期
通高 15 厘米
宽 20 厘米
重 0.72 千克

觥为酒器，殷墟晚期至西周早期盛行，此兕觥纹饰华丽，造型厚重，工艺精美，属难得之佳作，是商代青铜觥的标准器。

4. 师趛鬲

此鬲是传世品，表面经打磨上蜡，颜色黑中透亮，极精致美观。本器阔口，折沿，束颈，附耳，分裆袋形腹有扉棱，蹄形足。全器纹饰由 3 种纹样组成，腹部以云雷纹为地，上以凸起的 6 只巨大的回首夔龙纹为主体纹饰；颈部饰双首夔龙回曲纹带；附耳内外两侧均饰以重环纹。

器内壁铸铭文 5 行 29 字，铭文的大意是：在九月第一个吉日庚寅这天，师趛为其已故的父母铸造了这件大鬲鼎。愿其子孙万代永远宝用。

师趛鬲
西周中期
高 50.8 厘米
口径 47 厘米
重 48.8 千克

师趛鬲造型雄奇，巨大的兽形花纹瑰丽端方，有强烈的装饰效果，寓动于静，显示出庄严肃穆的气氛，是一件祭祀重器，本器也是迄今为止所知鬲中最大最华丽的一件，是当之无愧的国宝。

5. 莲鹤方壶

方壶形体巨大，呈圆角方形，壶上有盖。长颈，垂腹，圈足。壶盖铸镂空莲瓣2层，中间立有1只展翅欲飞、引吭高歌的仙鹤。壶颈两侧有耳，形状为镂雕龙形，上出器口，下及器腹。器身以蟠龙纹和鸟纹为主体纹饰，腹部四角各攀附1只立体飞龙。圈足下有2只卷尾卧虎。该壶造

莲鹤方壶

春秋后期
高 122 厘米
宽 54 厘米
重 64 千克

型雄伟气派，装饰华美庄重。壶身的动物装饰生动有趣，融活泼优美和凝重神秘为一体。

春秋时期，青铜器的铸造工艺飞速发展，除创新之外，对于一些优秀的传统工艺，也充分继承并发扬，如“分铸法”。本器的仙鹤、双龙耳与器身即采用分铸法，既显示了高超的铸造技术，也反映出当时青铜器上使用动物造型元素的潮流。该器曾被郭沫若先生誉为春秋时代之精神象征。

莲鹤方壶有2件，1923年8月出土于河南新郑，本来已经被倒卖，北洋陆军第十四师师长靳云鹏出面追回了相关文物。清点造册时共得到各种器物91件，另有635件碎铜片，轰动国内外。在进一步的研究中发现，出土莲鹤方壶的李家楼古墓是郑国国君子婴的陵寝，这也就解释了为何出土青铜器的数量和品级都如此惊人。1937年日本军国主义发动全面侵华战争，莲鹤方壶和部分珍贵的国宝一起，辗转武汉、重庆多地。1949年，国民政府计划将莲鹤方壶运往台湾，在上飞机的前一刻被拦截，留在了重庆。1950年，2件莲鹤方壶1件被调拨至故宫博物院，1件被运回故土河南，保存在河南博物院。

6. 宴乐渔猎攻战纹壶

圆体，侈口，双兽首衔环耳，圈足。壶的花纹从口至圈足分段分区布置。以双环耳为中心，前后中线为界，分为两部分，形成完全对称的相同画面。自口下至圈足，被5条斜角云纹带划分为四区，分别表现了采桑、射礼活动，宴享乐舞场面，射猎场景，水陆攻战场面等。足饰蕉叶纹，足下缘饰三角云纹。

宴乐渔猎攻战纹壶

战国前期

高 31.6 厘米

口径 10.9 厘米

腹颈 21.5 厘米

重 3.54 千克

此壶纹饰内涵丰富，形象逼真，再现了战国时期贵族狩猎、飨宴的礼仪活动场景，反映了社会生活的许多侧面，如“蚕桑之礼”“射礼”“大搜礼”等，对研究当时的生产、生活、战争、礼俗等方面都有

宴乐渔猎攻战纹壶拓本

重要价值。它不仅是我国青铜器中的艺术珍品，在美术史上也占有相当重要的地位。

第三十五话 经丝纬线织华章

中国是世界上较早掌握纺织技术的国家之一，也是丝绸的发源地，以丝线为原料的织绣艺术是中国传统艺术的有机组成部分。故宫博物院继承清宫遗存，藏有织绣文物18万余件，包括服饰、材料、陈设用织绣品和织绣书画4大类，其中绝大部分是明清时期的织绣珍品。明清的织物品类极其丰富，工艺集前代之大成，在宫廷风尚的带动下，官办织造和民间作坊的产品大量进入宫廷，丝织生产盛况空前。

清代大部分宫廷御用刺绣品的生产制作流程是由如意馆绘制花样，发送江南三织造，也就是江宁、苏州和杭州三处官营织造局，分配其下

缂丝《梅鹊图》轴
南宋 沈子蕃
纵104厘米
宽36厘米

辖的织绣作坊依样绣制。江南三织造规模庞大，财力雄厚，分工细致，管理严格，工艺精湛，代表了清代丝织技术的最高水平。在此基础上，清代逐渐形成以南京、苏州、杭州为中心的三大丝绸产地。

故宫博物院织绣藏品数量之巨、品类之繁、规格之高、质量之精、保存之完好，在国内及世界博物馆同类藏品中绝无仅有，对于研究中国织绣发展脉络、清代服饰制度、清代织造技术水平、丝织业发展状况，以及清代的历史文化、宫廷生活、审美意趣等都具有极为重要的价值。

1. 缂丝《梅鹊图》轴

此图轴为丝质，依画稿缂织。丝线颜色近20种，以小梭代笔，巧妙搭配，画面颜色丰富和谐，精湛娴熟地运用了多种技法。此图是沈子蕃为数不多的存世作品之一，也是南宋时期缂丝工艺的杰出代表作。因此在清皇室藏品中占有重要位置。

顾绣韩希孟《宋元名迹》册
明崇祯
纵 33.4 厘米
横 24.5 厘米

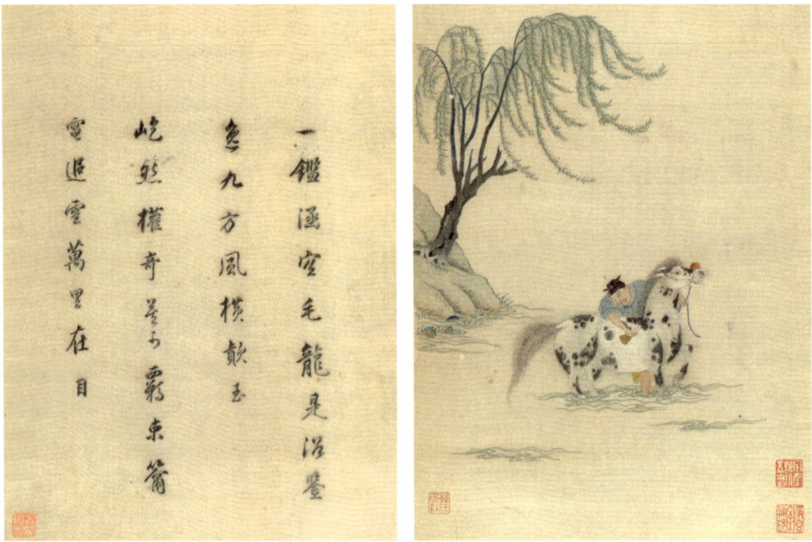

2. 顾绣韩希孟《宋元名迹》册

此册共 8 幅，皆摹宋元名人画稿绣制而成，分别为《洗马图》《扁豆蜻蜓图》《鹑鸟图》《花溪渔隐图》《补衮图》《葡萄松鼠图》《米画山水图》《瑞鹿图》。

韩希孟，名媛，湖南武陵人，顾名世孙顾寿潜之妻，是明末著名的刺绣家。她工画花卉，擅长刺绣，不因形似满足，而以追求“画绣”的神韵为目标，因此所绣山水、人物、花鸟均能达到纤毫毕现、生动逼真的境界，备受世人赞誉，世称“韩媛绣”。

3. 缂丝《瑶池吉庆图》轴

此图描绘了一则神话传说，是西王母在西天瑶池庆祝寿辰的故事。画幅宽 2 米有余，是现存明代最大的缂丝作品，可以想象为制作这幅作

缂丝《瑶池吉庆图》轴

明

纵 260 厘米

横 205 厘米

发绣观世音像轴

清康熙

纵 68 厘米

横 35 厘米

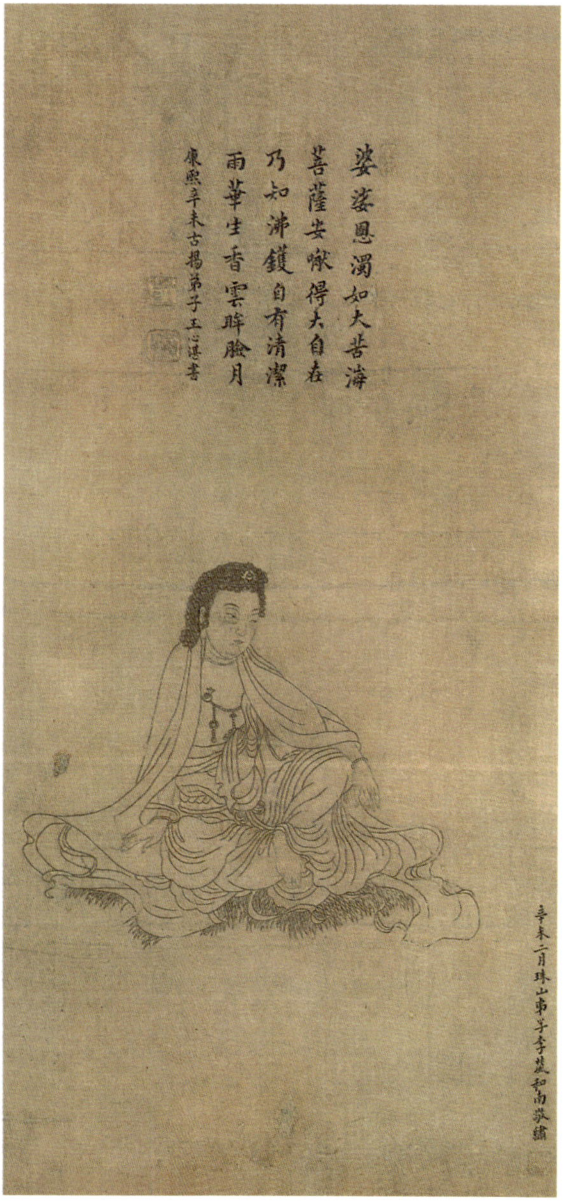

品，要使用多么庞大的织机，而制作过程又是多么的复杂艰难。如此巨大的体量在历代缂丝作品中亦属罕见。整个画面场景布局开阔大气，设色典雅精妙，是庆贺寿辰的绝佳装饰品。

4. 发绣观世音像轴

绣像以米色暗花绫为底衬，以头发丝为绣线勾勒出观世音像，采用墨笔白描手法，以滚针绣成，针迹细密，形象栩栩如生，头发丝丝可见。观世音又名观自在，为阿弥陀佛的左胁侍“西方三圣”之一。观世音有各种不同的形象。此幅绣像，观世音结跏趺坐，神态安详，脚掌朝上，左手搭于膝上，衣饰飘逸，人物姿态优美。画面正上方发绣佛经一段：“娑婆恩浊，如大苦海。菩萨安然，得大自在。乃知沸镬，自有清洁。雨华生香，云眸脸月。”

款署“康熙辛未古扬弟子王心湛书”。右下角发绣“辛未二月珠山弟子李和南敬绣”。辛未为康熙三十年（1691）。

此件绣品的题诗中“婆娑”应写成“娑婆”，佛教意指现在这个世界。发绣利用头发的自然色泽以及细、柔、光滑等特性绣成作品，以色彩柔和、质朴素净取胜。此图轴为清代发绣的上乘佳作。

5. 明黄色缎绣金龙朝袍

袍圆领，大襟右衽，附皮领马蹄袖，腰帷以下为襞积式。袍面料为明黄色素缎，上衣中、前、后及两肩各绣金正龙1条，饰五彩祥云、海

明黄色缎绣金龙朝袍
清乾隆
身长 144 厘米
两袖通长 190 厘米
袖口宽 17 厘米
下摆宽 162 厘米
左裾长 37 厘米
披领 34～100 厘米

水江崖。袖端各饰1条行龙，腰帷饰5条行龙，衽有正龙1条，襞积有正团龙22条，下裳前后各饰正龙1条、行龙5条，间饰五彩祥云、海水江崖，披领有行龙2条。全身共绣金龙43条。披领为平金绣行龙纹石青缎，衬里材质为大红色织金缎。后背垂明黄色绦，有背云2个。马蹄袖石青色缎面接金缘，饰平金绣行龙，里衬为银鼠皮。明黄色素缎接袖。襟上缀5枚铜镀金錾花扣，披领上缀3枚铜镀金錾花扣。

这件龙袍是乾隆皇帝朝会大典时穿的礼服，饰十二章。袍上纹饰均以赤圆金线勾边，绣工精妙，针法多变，配色浓丽华美，晕色和谐自然。附黄条，墨书“高宗”“绣黄缎面片金边袷朝袍一件，珊瑚背云二块，珊瑚坠角四个，加间饭块正珠八颗”。

6.《极乐世界图》轴

彩织《极乐世界图》，是一幅佛教经变故事画，内容出自“西方净土变”，以彩色丝织成。

彩织《极乐世界图》，从本幅到装池的上下边绶带部分，均为通幅贯梭织成。全幅用线颜色达19种之多，不同颜色的彩色纬丝同时织制，难度之大可想而知。底为石青缎，以红、蓝、绿、橙、香等色为主色织成，与青蓝基调形成鲜明对比。繁复华丽的主体纹样与深邃幽静的底色相互映衬，使世俗的气息与神秘的幻境交织，既有现实生活的缩影，又有清冷出世的宗教思想。

制作这样内容复杂、结构严谨、形象丰富、色彩多变的巨幅绘画式的织成彩锦，从工艺技术上来看难度非常大。这件织成彩锦图轴需要有精通画理的挑花工人挑制“花本”，由机工装配专用织机上的提花装

《极乐世界图》轴
清乾隆
纵 448 厘米
宽 196.3 厘米

《极乐世界图》轴
（局部）

《极乐世界图》轴（局部）

置，再由挽花工人与织工配合制作。织作时又因幅宽巨大，单人无法操作，需要由多个工人并排坐着互相传梭接梭，其技术水平确乎是出类拔萃的。据记载，苏州在明宣德年间就织造过这类画轴。彩织《极乐世界图》轴，是清代苏州织造府管辖下的高手和巧匠的精心杰作，亦反映出乾隆时期苏州织成锦技术的精湛高妙之处。

第三十六话 金辉银昭累珠玉

金银制品在商代就已出现。其后历朝历代，金银器的制作和使用久盛不衰。作为贵金属，金银的提炼处理过程复杂，历史上长期作为货币流通，是财富地位的象征。金银的硬度适中，有延展性，易加工成形，又有金属色泽，是制作工艺品的良好材料。宫廷里的金银器加工采用了铸造、锤锞、錾刻、累丝等多种技术，还有的镶嵌珠玉宝石，造型别致，制作精美，极富宫廷特色，具有很高的艺术价值。

故宫博物院藏金器2400余件，主要为清宫遗存，大部分为清代制品。清代皇家用金银器遍及典章、祭祀、冠服、生活、鞍具、陈设和佛

金瓯永固杯
清乾隆
高 12.5 厘米
足高 5 厘米
口径 8 厘米

事等各个方面。以帝王后妃御用的金银器最为丰富。有册、宝、金编钟等礼乐器，也有佛像、供器、佛龛、坛城等宗教用器，还有挂屏、盆景等室内陈设用器，数量最多的是金质的酒具、餐具等生活用器。另外，帝后的服饰佩饰中，金银也是使用最为广泛和用量最大的材料。

1. 金瓯永固杯

杯直口，圆体，鼎式，三足，金质。杯身錾缠枝莲叶及宝相花纹，花芯以珍珠，红、蓝宝石及碧玺镶嵌而成。两侧有夔龙耳，龙头上嵌饰大颗东珠。杯以 3 只象首做足，象鼻内卷为足尖。口沿錾刻 1 周回纹，并于一面中部錾刻篆书阳文“金瓯永固”铭，另一面錾刻“乾隆年制”

款。瓯为古代器具之一，《说文》释其为“小盆也”。所谓金瓯，即金制的小盆，珍贵而坚实。古人往往用金瓯表示国家，此杯寄寓国家政权稳固、繁荣昌盛之意。

清代自雍正始，乾隆、嘉庆、道光、咸丰五朝皇帝每年除夕子夜时，宫中都要举行元旦开笔仪式。金瓯永固杯是仪式中皇帝专用的盛酒器，杯中注入屠苏酒，陈于案上，皇帝亲笔书写新年吉语，祈祷健康吉祥、国泰民安。皇帝书写的吉语，被珍藏于皇宫宝箱之中，也有一些被分赐群臣。金瓯永固杯是宫廷中重要的礼器，设计制作不惜工本，极尽奢华。

此杯虽署年款“乾隆”，但实际上却是嘉庆二年（1797）由清宫造办处奉旨制造的。这是因为，当时乾隆帝虽已退位，但仍以太上皇的身份掌握着实际的国家政权，嘉庆帝为了表示对太上皇的尊崇，宫中依旧使用乾隆年号。

2. 金发塔

塔安放在紫檀须弥座上，束腰之上是3层圆形坛城，镶嵌宝石和各色花纹。塔身正面开佛龛，供奉无量寿佛1尊，皇太后的头发亦储存于其中的金匣之内。塔身肩部錾刻兽面，口衔璎珞，垂坠而下。其上为13层满刻梵文的塔刹，华盖边缘垂坠各色宝石。塔顶为宝石镶嵌而成的日、月及宝珠。金发塔以盘纹焊接和锤胎錾花工艺制作，纹饰精美，造型高峻庄严，共用黄金3000多两，由清宫造办处承做。

3. 金嵌珍珠天球仪

金嵌珍珠天球仪是用黄金做成的观赏模型，由底座、支架和天球三部分组成。天球球体是两个半球对接而成，球面镶嵌珍珠代表星星，共

金发塔
清乾隆
高 14 厘米
底座 70 厘米 ×70 厘米

计 3242 颗，部分星旁标有名称，阴刻紫微垣、天市垣和太微垣，座心为罗盘（指南针）。球外环有地平圈和子午圈。球顶有干支圈。此器是流传至今的唯一一件以黄金制成的天球仪模型，材料奢侈讲究，制作精密细致，弥足珍贵。

金嵌珍珠天球仪
清乾隆
球径 29.5 厘米
架高 61.5 厘米

4. 金编钟

编钟是清代宫廷雅乐——中和韶乐中的重要乐器。此套编钟金质，16枚成一组。钟器形一致，大小相同，上部为交龙纽，正面铸楷书律名，背面铸“清乾隆五十五年制”，共用黄金13600多两，用于重大典礼仪式中，彰显皇家风范，标志着乾隆时期国力的强盛和礼乐制度的完善。

金编钟
清乾隆
架高 350 厘米
宽 340 厘米
钟高 23.8 厘米
径 16.1 厘米

金錾花如意香熏
清中期
长 58 厘米
首宽 16.5 厘米

5. 金錾花如意香熏

此器既是如意，又是香熏，设计极为巧妙。器身上部弧凸，背部扁平，首、中、尾三部分外膨呈椭圆式，形制仿照清中期宫廷流行的三镶如意制成。如意通体镂雕牡丹、菊花等花卉装饰，纹路繁复，玲珑剔透。首、中、尾三部分中空，设随形椭圆盖，有合页以便开合，可以放置香料。盖面以各色宝石镶嵌花朵形状，碧玺为花瓣、珍珠为花芯、翡翠为叶片。盖上一周、整器上部边缘一周和背部边缘一周均满嵌碧玺、翡翠、蓝宝石、料珠等，形成颜色相间的宝石装饰带。尾端系黄色寿字结，下连丝穗。

6. 金嵌珠弥勒像

弥勒头戴冠帽，冠顶置佛塔，耳上饰佩。面部丰满圆润，双目微垂，眉间嵌红宝石。双臂带环披帛，左手下垂，右手拈指，掌心向外。双脚戴箍立于圆形莲瓣座上。佛身两旁莲枝缠绕攀升，一端宝相花上置

金嵌珠弥勒像

清

通高 54 厘米

重 19.03 千克

法轮，一端置宝瓶。此像为藏传佛教弥勒像。造型端庄，做工极为精致，通体金光闪耀，珠光宝气，嵌大小珍珠183颗，为清代金质佛像的代表之作。

第三十七话 溢彩流光景泰蓝

故宫博物院的珐琅器收藏上起元代，下至民国，共收贮金属珐琅器6000余件，其中掐丝珐琅器4000余件，画珐琅器2000余件，完整记录了我国金属胎珐琅器制作工艺的发展演变。这些藏品，除一部分为民间制作外，绝大部分是由明清两代内府（明代御用监、清代内务府造办处珐琅作）以及广东等处由皇家所控制的机构生产的。

故宫博物院藏珐琅器所具纪年款识有明代宣德、景泰、嘉靖、万历四朝，清代康熙、雍正、乾隆、嘉庆、同治、光绪等朝，以及如“老天利”“德兴成”“志远堂”等字号的商营作坊的珐琅制品。

珐琅是外来工艺，以矿物质的硅、铅丹、硼砂、长石、石英等原料按比例混合，再加入各种发色的金属氧化物，经焙烧磨碎制成粉末状彩料后，再依法填嵌或绘制于金属做胎的器体上，然后烧制成色彩鲜艳、秀丽华贵的珐琅制品。但因其制作工艺复杂，釉料配制和烧造难度大，很长一段时间主要作为宫廷用器，民间很少见到。

故宫博物院所藏金属胎珐琅器，品类齐全，传承脉络清晰。除掐丝珐琅器和画珐琅器两个大类外，还有少部分的錾胎珐琅器、锤胎珐琅器、透明珐琅器，以及在一件珐琅器上同时使用两种制作工艺的器物。这些作品鲜明呈现出内廷造办处、广东、西洋，以及中西合璧等不同的风格特点，用途涉及宫殿陈设、宗教祭祀、室内装饰，以及日常生活的方方面面，是研究中国古代金属胎珐琅器的珍贵实物资料。

1. 掐丝珐琅缠枝莲纹象耳炉

炉铜胎，圆形，鼓腹，象首卷鼻耳，圈足，口铜镀金。炉颈部施浅蓝釉，饰各色菊花12朵，花蕊为铜镀金乳钉镶嵌而成。腹部宝蓝色釉地，饰红、白、黄三色掐丝珐琅缠枝莲花6朵。腹下饰莲瓣纹及卷草纹各一周。此器釉质莹润，部分区域釉料呈玻璃般的透明质地。

该珐琅器色泽浑厚鲜艳，富丽典雅，是一件高水平的元代掐丝珐琅作品。其铜胆、双象首耳和圈足为后配。

2. 掐丝珐琅甪端

甪端昂首，独角，二目圆睁，口微张，为散香之用，四爪作直立状，垂尾，足下踏掐丝珐琅蛇。通体饰豆绿色珐琅釉，以红、黄、蓝、白等色珐琅釉填饰纹样。甪端的头部下端有一按钮，转动掀开可以放置

掐丝珐琅缠枝莲纹象耳炉

元

通高 13.9 厘米

口径 16 厘米

足径 13.5 厘米

掐丝珐琅甪端
明万历
通高 36.5 厘米

熏香，内阴刻楷书“大明万历年制”六字款。

掐丝珐琅甪端的制造始于明万历年间（这是对金属胎珐琅器进行断代研究的一条重要依据）。甪端是传说中的神兽，《宋书·符瑞》中记载，“甪端日行万八千里，又晓四夷之语，圣主在位，明达方外幽远，则奉书而至”。

图右页
画珐琅八棱开光提梁壶
清乾隆
通高 37 厘米
口径 9.1 厘米
底径 13.5 厘米

有一则小故事称，成吉思汗的铁骑横扫欧亚大陆，在南下印度时却突然班师回朝，原因就是遇到了一只瑞兽。这只瑞兽独角，身形似鹿，尾巴似马，在成吉思汗的军队面前张口说道，“中汝主宜早还”。成吉思汗忙问这是何方神圣，耶律楚材禀告说，这神兽就是传说中的甪端，有好生之德，厌恶杀戮，这是上天希望皇帝收兵，以免生灵涂炭。成吉思汗当即撤兵。这虽是神话传说，但却说明甪端在古人心中一直是祥瑞和“王者德盛则至”的形象。

掐丝珐琅甪端多陈设在紫禁城宫殿中皇帝的宝座前，使殿堂中的气氛更加肃穆威严。

3. 画珐琅八棱开光提梁壶

壶八棱形，壶身八面做开光处理，内彩绘山水花鸟图各 4 幅，相间排列。提梁镀金嵌金星料石，铜镀金曲流，下置铜镀金足架，架内有画珐琅菊纹小油盒，可盛燃料，用以加温。壶底、盒底均署“乾隆年制”款。

此提梁壶的造型仿西洋式样，图案主题则是中国传统的山水花鸟画，用笔工致，可能出自宫内名家之手。制作工艺方面集金属、珐琅和料器加工为一体，是一件融合东西方文化的画珐琅精品之作。

4. 掐丝珐琅天鸡尊

天鸡作昂首状，背负螭耳尊，双翅扬起托住尊身，双爪抓立于镂空双轮之上，长尾下垂，尾羽卷起的部分侧立一铜镀金小天鸡，末端置一小轮。螭耳尊椭圆体，撇口，螭耳镀金饰蕉叶纹、缠枝莲纹，单侧有铜镀金螭耳。天鸡胸前贴饰片状彩云，下方长方形铜镀金片上錾刻阴文

掐丝珐琅天鸡尊

清乾隆

通高 18.9 厘米

身长 13.4 厘米

口径 4.5 厘米

錾胎珐琅仿古牺尊
清乾隆
通高 19 厘米
宽 9.1 厘米
身长 21.2 厘米

“乾隆年制”单行楷书款。整器以红铜作胎体，通体施天蓝色珐琅釉为地，露铜处镀金。天鸡身上有羽毛状饰纹。

此掐丝珐琅天鸡尊色彩浓烈，镀金辉煌，性质特殊，设计精巧，因底部有3只小轮可平稳行走，透露着一种神异之感，体现了当时珐琅制作工艺的精湛水平。

5. 錾胎珐琅仿古牺尊

牺尊牛形，铜胎镀金，侧首而立，背上有大小不等的圆筒和方筒与腹内相连，类同香插。通身錾刻火焰勾云纹，火焰卷须等细纹则用掐丝

的方法制作。通体深绿色珐琅地，施大红色及金色珐琅釉。牛颈下、腹部及腿部饰毛纹。牺尊背上长方形筒正面方框内填蓝釉，镌阳文金字楷书“乾隆仿古”双行四字款。

此牺尊为錾胎兼掐丝的复合珐琅工艺制品，虽是仿战国青铜牺尊而制，也别有新意。其造型生动，形象威严，纹饰简洁，釉色纯正，镀金厚实凝重，是乾隆时期錾胎珐琅的代表作品之一。

6. 掐丝珐琅释迦牟尼坛城

坛城局部掐丝填彩色珐琅釉，底座作圆寰状，外墙饰缠枝莲纹，上饰红、黄、蓝、绿、紫五色缠枝莲纹，座内凸起红、蓝、黄、紫、黑五色焰纹，内环一圈铜镀金金刚杵，每层都象征不同的护法境界。圆形平台上矗立四方城台，台上置宫殿一座，四面各开一门，门上饰卷云、卷草等各类纹饰，填黄、红、蓝、白等不同的釉色。各门阶梯正中置一与门同色的金刚杵。宫殿为藏式平顶建筑，上有金顶，四周陈设各类法器，殿内陈设释迦牟尼说法像。坛城为藏传佛教建筑，梵语为“曼陀罗”，供奉密教诸佛、菩萨，修持密法作礼仪之用。此坛城制造工艺精巧细致，气势恢宏，色彩鲜明亮丽，为金属工艺和珐琅工艺相结合的精品。

掐丝珐琅释迦牟尼坛城

清乾隆

高 52 厘米

直径 76 厘米

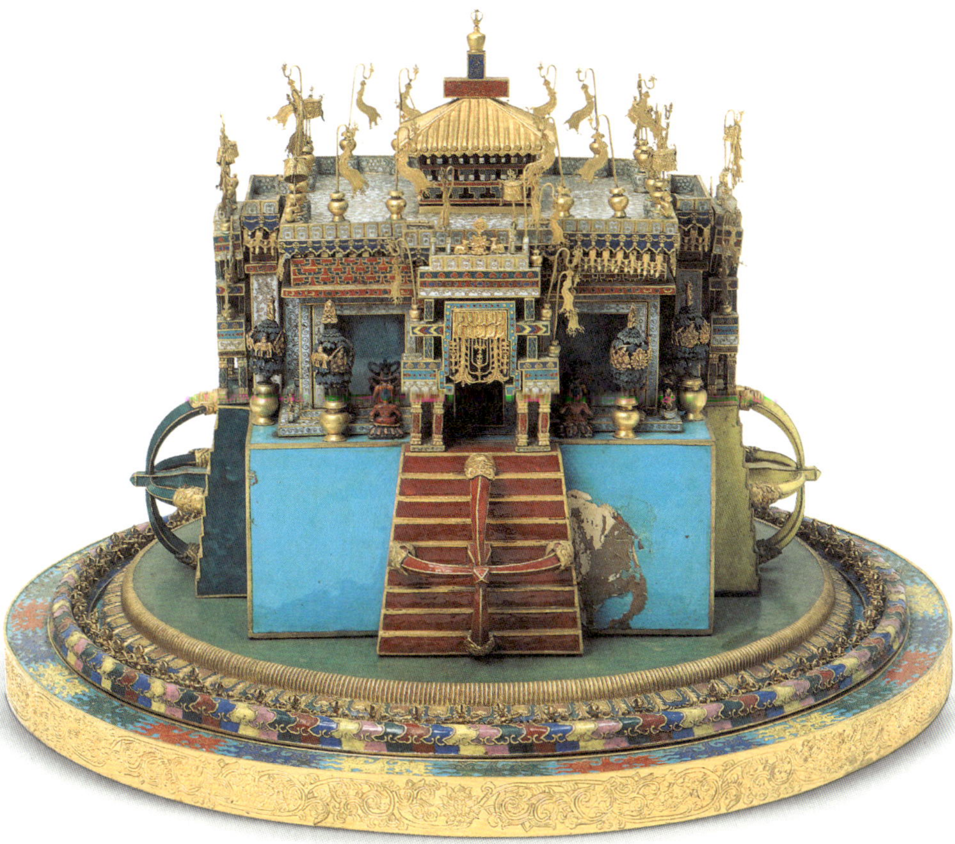

第三十八话 封物相因传国祚

玺印是一种历史悠久的凭证工具。秦以前，玺尊卑通用。国家、官吏与个人在社会生活中皆须以印记为凭证，久而久之，产生了官、私玺印的差别。秦始皇后，只有皇帝印才可称“玺”，官吏及一般人的印鉴称“印”。

传世的出土古玺印最早为战国时代制作，印体有大小、方圆、层数之分，顶端作小鼻纽者最多。秦汉魏晋有统一印制，南北朝因袭了这一惯例。皇帝专用玉质印，称“玺”，余者用铜，称“印”。此时的印章有大小方圆等形式，印体日渐厚重，以鼻纽、龟纽居多。印文形式秦代刻阴文小篆，有界格，两汉魏晋的入印篆书方圆俱备，被作为典范，称为缪篆。隋唐以后印体增大，鼻纽变成小长方形把手，直至增高成上小下宽的柱形柄。官印文字皆作阳文，印边日渐增阔，布局日趋丰满。清宫的二十五宝玺于乾隆十一年修改完成，是专用于国事的传国宝玺，除一金一檀木外皆为玉质，体积硕大，作各式龙纽，玺文有满文、满汉篆书合文。其他大小宝玺多为石质，乃御笔和赏鉴所用，性质属私印闲章，石料、制纽极为精美，具庄重珍贵的特点。明清私印以石料所作为多，有少量牙角竹木之作，取代了铜质印章。印文主要由书画家亲自提刀，或由治印家镌刻，他们皆以秦汉六朝古印为宗，兼具个人风格，不仅为中国玺印的历史写下了灿烂的篇章，而且对东方邻国篆刻艺术的发展产生了深远的影响。

1. “何善”舞人纽青玉印

印面有阴线边栏，印文白文，战国古文字，左起横读。舞人形象生动逼真，长袖广舒，舞姿摇曳。人的脸部、衣褶刻镂清晰。古代私人玉

『何善』舞人纽青玉印

战国

长1.2厘米

宽0.7厘米

高3.8厘米

质玺印，常雕作寓意吉祥的灵物、鸟兽。印面碾、琢上自己的名字，兼顾实用功能的同时，具有辟邪祈福作用。此印造型独特，构思巧妙，在印学史、玉器史和雕塑史上均有重要地位。

2. 崇祯帝玉押

崇祯帝御用，印文朱文，由崇祯帝名讳“由检”二字花写而成，遗存至今的崇祯帝御笔上钤有此押，可互为凭证。此印雕龙纽，制作细腻，造型劲健，印面流畅圆润。明朝的御宝已不见存世，此押印作为崇祯帝御用宝玺之一，能留存至今日实属珍贵。

崇祯帝玉押
明崇祯
通高 11 厘米
边长 11 厘米 ×9 厘米

『大清受命之宝』
清崇德
面 14 厘米见方
通高 12 厘米
纽高 8.2 厘米

崇祯皇帝朱由检是明朝第十六位皇帝，虽然是亡国之主，但却是一位有抱负的皇帝。崇祯即位后勤于政事，生活节俭，忧国忧民，六下罪己诏。他深知宦官当权对朝廷的危害，大力铲除阉党，剪除魏忠贤及其党羽，曾一度使明朝有了中兴的可能。但由于累年积弊，内忧外患，崇祯皇帝最终没有能够挽救明王朝覆灭的命运。崇祯十七年，农民起义军攻陷北京，崇祯在煤山一棵树上自缢身亡。

3. “大清受命之宝”

白玉质，盘龙纽方形玺，左侧为满文本字，右侧为玉箸篆书汉文。

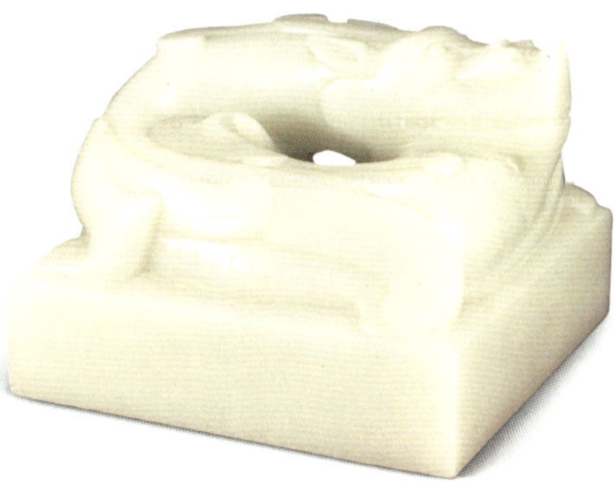

此玺为乾隆帝钦定代表皇权的二十五宝之一，位列二十五宝之首。据《交泰殿宝谱》所记为“以章皇序”之用，用以宣告清王朝受天之命统治中国的正统身份。又据乾隆帝《交泰殿宝谱序后》记载，此宝是皇太极以来“先代相承，传为世守”的旧物，因此乾隆十三年（1748）诏改玺印中的满文本字为满文篆书时，该宝得以保持原貌。

该玺材质洁白温润，盘龙纽线条简洁流畅，技艺纯熟，显示出清前期玉石雕刻的高超技艺。清王朝“二十五宝”是中国历代王朝所遗存的唯一一套代表皇权的御宝，有极高的历史价值。

4. “雍正御笔之宝”

寿山石质，雕夔龙瓦纽，汉文篆书。

此宝体量硕大，瓦纽上雕9条形态各异的夔龙出没云层之间，宝周边浅浮雕博古夔龙夔凤纹饰，古朴典雅，做工精致，为典型的清早期寿山石雕作品。《清宫内务府造办处活计档》详细记载了此宝的制作过程，可知此宝制作于雍正元年正月，是雍正继位后首批制作的宝玺中最早完成的一枚。印文由翰林也是清代著名书法家张照撰写，并按照雍正帝的意见进行了局部修改。是雍正宝玺中的重器。

5. “皇帝之宝”

栴檀香木质，盘龙纽方形玺，玉箸篆，左满文，右汉文。

乾隆帝钦定二十五宝之一，是二十五宝之中唯一的一方木质宝玺。制度规定此宝为“以肃法驾”之象征物，故清帝行围及驻跸圆明园或避暑山庄时，都要以这方宝玺随驾。此外此木质“皇帝之宝”还是二十五宝中用得最频繁、使用范围最广的一方，诸如皇帝登基、皇后册命、皇

『雍正御笔之宝』

清雍正

面 13.2 厘米见方

通高 15 厘米

纽高 6.5 厘米

『皇帝之宝』

清早期

面 15.5 厘米见方

通高 16.6 厘米

纽高 11 厘米

帝大婚、皇帝颁诏、发布殿试金榜均钤用此宝，可以说是清朝皇权的重要标志，具有极高的历史价值。

6. 田黄三联玺

此联玺是乾隆皇帝做太上皇时所镌，由一块相当大的田黄石雕刻而成，三玺之间由田黄石链连接，显示出雕刻者精湛的雕刻技艺和工艺水平。此三联玺雕刻精绝，是乾隆帝御用宝玺中的精品，常钤盖于御笔书画上，以后各帝亦十分珍视。

这三玺的篆刻方式与玺文布局各异，“乾隆宸翰”为阳文篆刻。“乐天”阳文篆刻，两字居中，左右饰以螭纹。“惟精惟一”阴文篆刻，回文排列。

田黄三联玺
清乾隆
右『乾隆宸翰』：正方形
高1厘米
边长2.6厘米
中『乐天』：椭圆形
高1厘米
长径3厘米
短径2.3厘米
左『惟精惟一』：正方形
高1厘米
边长2.6厘米

第三十九话 天朝衣冠穆仪威

清代是中国最后一个封建王朝，其服饰制度体系之庞大，规制之森严，超越了古代各个朝代。清代宫廷服饰在整体的清代服饰制度中等级最高，占有重要和核心的地位。故宫博物院藏织绣服饰类文物15万余件，绝大多数为清代宫廷用品。大类上可以划分为服饰类、材料类和铺垫帷幔卷幅类，其下又分成衣、冠帽、鞋袜、佩饰、布匹、衣料、绦带等，之下又分若干小类。故宫博物院此类藏品无论是在数量、质量还是品种、规格等方面都排在博物馆领域前列，对于研究中国古代的织造技艺水平、服饰制度以及宫廷生活、艺术审美等领域都具有重要的实物资料价值。

清代宫廷服饰种类繁多，根据史料的记载，清代皇帝服饰可分为礼服、吉服、常服、行服、雨服、戎服和便服7类；皇后服饰分为礼服、吉服、常服和便服4类。这些服饰于祭祀、朝会、节庆、巡行、日常生活等不同场合穿着，有不同的规制和要求，既反映了服饰体系的仪制，也深具实用性，同时还有很高的审美价值。

清代宫廷服饰保留了鲜明的满族服饰特色，也继承和吸收了汉族传统服饰的特点，且具有严格的等级制度，通过对服饰等级的规定和限制，确立了上至帝王，下至普通官员的等级差别，形成尊卑有序、等级鲜明的服饰体系，从而达到“辨等威、昭名秩”的目的。

1. 缂金彩云蓝龙青白肷狐皮龙袍

清高宗纯皇帝吉服袍。圆领右衽，马蹄袖，四开裾，衣身坠5枚铜镏金錾花金属扣。衬里为青白肷狐皮，袖口貂皮镶边。缂金为地，运用多种技法，如平缂、长短戗、凤尾戗及勾缂等，图案缂织9条蓝龙。其间饰以云纹、缠枝莲纹、杂宝纹、蝙蝠纹等。下摆以退晕技法缂织海水江崖纹，效果富有流动感。满地缠枝勾莲用色达20种以上，纹样丰富繁缛的同时却丝毫不显杂乱，将主体的龙衬托得神圣威严。整体织造工整细致，设色丰富且和谐，纹样生动细致、富丽堂皇，非常好地凸显了皇家的庄重威仪。

2. 黄云缎缉米珠绣朝靴

清前期大型庆典活动时皇帝穿着的礼服朝靴。靴面材质为宝蓝色如意云纹缎，靴筒材质为黄色如意云纹缎，蓝色织金缎面镶边。整个靴身坠以珍珠和珊瑚米珠，并组成繁复的装饰带，轮廓和如意云头的米珠尺

缂金彩云蓝龙青白肷狐皮龙袍

清乾隆

身长 150 厘米
两袖通长 210 厘米
袖口宽 18 厘米
下摆宽 120 厘米

黄云缎缉米珠绣朝靴

清康熙

高 52 厘米

长 27 厘米

寸略大，内填小米珠，绣成的卷草纹既富有立体感，又极具层次变化，工艺精致繁缛，令人赞叹。

3. 石青色缎绣彩云蓝龙绵甲

此件绵甲为皇帝戎服，上部为甲衣，下部为围裳。双肩有镏金龙纹铜板护肩，腋下有云头形护腋，腹部有梯形前挡可保护腹部，腰间有左挡，右侧因常佩箭囊故无挡。围裳分左右两部分，穿戴式系于腰间。整件绵甲材质为石青色缎，内絮丝绵，通身钉缀镏金铜钉，可增强耐磨性和防护性。全身以五彩丝线绣龙多条，龙的形态各异，有升龙、降龙和团龙，下摆为海水江崖。间饰祥云、如意、山石、方胜、钱币、珊瑚、灵芝、座钟、戟叉等各色纹样。整套戎服既彰显皇帝的至尊与威严，又具有强烈的艺术性和美感。

石青色缎绣彩云蓝龙绵甲

清康熙

甲衣身长 78 厘米

肩宽 43 厘米

下摆 77 厘米

围裳腰围 100 厘米

高 92 厘米

石青色缎缉米珠绣四团云龙夹衮服
清乾隆
身长 110 厘米
两袖通长 114 厘米
袖口宽 27 厘米
下摆宽 148 厘米

4. 石青色缎缉米珠绣四团云龙夹衮服

皇帝礼服之一，圆领、对襟、平袖，左右及后身开裾。衣身钉缀5枚铜镏金扣。材质为石青色缎，在胸、背及两肩有四团龙，以金丝、

五彩丝线及米珠织绣而成。正面和背面的团龙纹样间饰云纹和万字纹，另有蝙蝠和寿桃图案。两肩分别有日月纹章。整体装饰富有立体感，工艺精美独特，在清代帝后服饰中较为稀见，反映出乾隆时期宫廷刺绣与装饰工艺的高超精湛之处。

5. 雪青色八团云龙妆花缎女绵龙袍

皇后吉服，主要用于重大吉庆场合。圆领，大襟右衽，马蹄袖，左

雪青色八团云龙妆花缎女绵龙袍
清雍正
身长 154 厘米
两袖通长 186 厘米
袖口宽 18 厘米
下摆宽 126 厘米
左右开裾长 70 厘米

雪青色八团云龙妆花缎女绵龙袍（局部）

右开裾。缘饰石青色团龙杂宝织金绸边，衣身缀2枚铜镏金錾花扣，扣绊2组。帝后龙袍又称“彩服”，颜色多样。这件龙袍的八团纹样采用正龙装饰，而不是制度规定的正行龙，应为胤禛生母孝恭仁皇太后乌雅氏御用龙袍。

6. 皇后貂皮嵌珠冬朝冠

圆冠式，青绒为地，缀朱纬。顶部叠压3层累丝金凤作为主体装饰。顶尖镶嵌1颗大东珠，每层又各贯东珠1颗，下均承以金凤。金凤之上各饰3颗东珠，尾部也以珍珠装饰。朱纬围缀7只累丝金凤，每只之上

皇后貂皮嵌珠冬朝冠
清
通高30厘米

皇后貂皮嵌珠冬朝冠（局部）

均装饰1颗猫眼石、9颗东珠。后缀一翟，背饰猫眼石，尾部饰以珍珠，并垂挂五行二就，贯金累丝青金石结，金累丝珊瑚坠角。冠后部护领处垂2条明黄色绦，贯青金石结和珊瑚坠角等宝石。

第四十话 环佩叮当自雍容

首饰原指插戴于发髻之上的头饰，后泛指女性用于装扮的饰品，包括头饰、耳饰、颈饰、手饰及佩饰。清宫后妃首饰与清代满族女性服饰制度一样，有着严格的等级。在重大祭祀和节庆、典礼等活动中，后妃的衣饰均有严格规定，以凸显身份、地位、等级的差别。

清宫后妃的首饰用料讲究，不仅整体造型别出心裁，也聚集展示了各种奇珍异宝。从材质用料看，宫廷首饰中使用最多的一是金银，二是各色宝石。黄金白银作为贵金属，自古以来就是首饰制作的最常用的材料，广泛用于各种不同类型的饰品上，是身份地位和等级的象征。宝石包括珍珠、翡翠、玉石、青金石、红蓝宝石、珊瑚、碧玺等，各种档案记载均显示，清代宫廷中宝石的使用数量惊人。

清朝后妃首饰有着鲜明的民族特色和时代特点，大量使用点翠和碧玺、翡翠镶嵌，因为民族习惯喜用貂皮，并将生长于黑龙江、乌苏里江、鸭绿江等地的东珠作为最高等级的装饰品，规定只有皇家可以使用。因为满族女子的妆发特点，清代宫廷还出现了钿子、扁方等颇具满族风情的饰品。

由于皇家的大量需求，宝石的打磨工艺、金银累丝工艺、镶嵌工艺、点翠工艺、錾刻工艺等在清朝均达到了登峰造极的地步，于方寸之地见功底，凝聚了工匠高超的智慧和技艺。

1. 金累丝嵌珠宝凤钿

凤钿下窄上宽，前高后低，以板纸雕刻出连环网状纹，上缀金凤5只。金凤周身嵌珍珠、宝石，金凤口衔珍珠串流苏，以珊瑚、绿松石、青金石、红宝石等为结及坠角。钿后垂挂流苏。

此钿应是清代皇后穿龙袍时所戴凤钿。

2. 点翠凤穿牡丹纹头面

点翠头面近似半圆形。头面正中为牡丹花1朵。牡丹花两侧围绕振翅飞翔的凤凰各1只。此件头面乃钿子顶部的装饰物。头面使用两种翠羽颜色装饰。金黄色点缀花蕊与部分凤尾，色彩层次分明，牡丹花与凤凰留有镀金边勾勒边沿，显得华丽富贵。凤穿牡丹寓意“荣华富贵”，是清代以来象征吉庆寓意的常用题材。

金累丝嵌珠宝凤钿
清
高 14 厘米
宽 23 厘米

图上
点翠凤穿牡丹纹头面
清
横30厘米
纵15厘米

图下
金环镶东珠耳饰（一套）
清
横1.5厘米
纵5厘米

3. 金环镶东珠耳饰（一套）

八成金质，主要采用錾金、累丝工艺加工成器。每个嵌大东珠2颗，上下串起。顶部环形，中作累丝坠盖，最下坠以小梅花形纽。清代满族女性的耳饰较前朝有很大的不同，“一耳三钳”是其主要特点。钳是指穿耳孔式的耳环，也就是两耳各戴3件耳饰。此件即为典型。

图上
金镶九龙戏珠镯
清
内径 7.5 厘米

图下
翠镶碧玺花卉纹扁方
清
长 29.8 厘米
宽 2.8 厘米

4. 金镶九龙戏珠镯

金质，圆环形，主要采用錾金和镶嵌工艺加工成器。表面錾出尺寸均等的九个区域，分别錾口衔大珍珠的团龙，边沿錾水浪纹。内壁刻有“聚华足金”戳记，系民间金店所制。此镯设计独特，选料讲究，做工极为精致。

5. 翠镶碧玺花卉纹扁方

扁方翠质，两端以粉色碧玺饰蝙蝠纹，长寿字，有“祝福长寿”之意。翠绿的碧色与娇艳的粉色巧配，既亮丽又协调，相得益彰，体现出设计者的独具匠心和高超的技术水平。

6. 红宝石朝珠

珠身共计107颗红宝石珠，结珠、佛头、背云、记念、小坠角皆为翡翠材质。椭圆形累丝背云，中央镶嵌翡翠，碧玺坠角。明黄色绦。附黄条：“红宝石根朝珠一盘，计珠一百七个，内有破珠，云玉佛头塔，背云记念小坠角碧玡玐大坠角，道光十一年七月初九日收，王住交。”

红宝石朝珠
清
周长152厘米

第四十一话 寝居坐卧旧日长

宋、元、明是中国家具的成熟期，但明以前的传世实物极少，只有明清两代制作的家具有较多实物流传存世。而故宫博物院藏明清家具精品可谓最为丰富。

明清家具以用材划分主要有漆家具、硬木家具、柴木家具和竹家具。明式家具风格典雅精致的同时趋向简洁明快，突出材质的自然之美，显得既淳朴又灵秀，是中国家具发展史上的一座高峰。现代人欣赏中国传统家具时，有时会有看重明代风格而轻视清代新式家具的观点。实际上，明清两代都是中国传统家具制作工艺的兴盛期，将明清两代家具以时间线性眼光去观照考察，才能窥见中国传统家具的全貌。

明代，以苏州为中心的长江中下游地区是明式家具和宫廷家具的主要产地。宫廷家具与民间家具的主要区别在于选材更为讲究，结构造型合理、科学兼具美观，制作当然更加精致。主要特点包括：造型大方，轮廓简练，结构牢固，榫卯精密，选料上乘，注重木材的纹理色泽，饰件多样，装饰效果强。

及至清代，家具产地主要有广州、苏州、北京三处，形成了各自的特点和各具长处特色的制作工艺。总的来说，清代家具用材厚重，总体尺寸宽大，装饰华丽，较多运用镶嵌、彩绘、雕刻等技法，整体感觉稳重豪华、富丽堂皇。

1. 黑漆描金山水纹顶竖柜

黑漆地。柜分两节，上部顶箱，下部立柜。上下各对开2门。顶箱、立柜门及牙板各绘描楼阁山水人物图，边沿绘折枝花卉纹，柜侧面绘桂花、月季、洞石、兰草。门上有铜合页、锁鼻和拉环。柜顶内分2层，立柜门内分3层。腿间有一门式牙板。

据档案记载。此柜为四执事库之物，四执事库为清宫北五所之一，是专门收藏皇帝御用冠袍、带履及寝宫帐帷之地。

2. 紫檀镂雕莲荷纹罗汉床

罗汉床通体为紫檀木质地，屏风式三面围子。搭脑凸起，两侧延伸向前逐级递减。床面攒框镶席心。面下带束腰。鼓腿膨牙，内翻马蹄。在围子、腿子、床面沿、束腰及大垂洼堂肚的牙子上。满饰密不漏地镂雕的莲蓬及荷花纹。

黑漆描金山水纹顶竖柜

明

长 120.5 厘米
宽 64.5 厘米
高 207 厘米

黑漆描金山水纹顶竖柜（局部）

此床用料粗硕，构图严谨，纹饰雕刻精细，利用谐音和寓意表现了和和美美、子孙绵延的吉祥图案。尤其是围子及牙板皆以整料雕刻而成，更显得难能可贵，是一件清朝早期的家具精品。

紫檀镂雕莲荷纹罗汉床
清早期
长 244 厘米
宽 132.5 厘米
高 166.5 厘米

3. 紫檀嵌牙菊花纹宝座

宝座为紫檀木框架。五屏式围子，委角皆以铜质云纹面叶包裹。框内漆地颜色或轻或重，景致或远或近。以染牙雕刻截景菊花图。座面攒框楠木板心，四角亦用铜质云纹包角。面下打洼束腰。齐牙条，拱肩直腿内翻马蹄，包裹云纹铜套足。

此宝座在材质、造型、雕工及图案效果等方面，都达到很高的水准，是乾隆时期具有代表性的精品。

4. 万历款黑漆螺钿云龙纹平头案

案平头，如意云头形牙板，直腿泥鳅背，足镶云头铜包脚，如意云头形挡板，无托泥。

通体黑漆地，满嵌厚螺钿，面嵌坐龙、行龙及朵云纹，边嵌赶珠行龙，均以螺钿嵌龙纹及朵云纹。案里有嵌螺钿“大明万历年制”楷书款。

此案为明代螺钿平头案中稀见之物，甚为珍贵。

图上
紫檀嵌牙菊花纹宝座
清中期
长 113.5 厘米
宽 78.5 厘米
高 101.5 厘米

图下
万历款黑漆螺钿云龙纹平头案
明
长 197 厘米
宽 53 厘米
高 87 厘米

孔雀绿地斗彩荷莲纹镂空绣墩
清中期
高 52.9 厘米
面径 31 厘米

5. 孔雀绿地斗彩荷莲纹镂空绣墩

绣墩呈鼓形，上下面径相若，器身四面有如意头形镂空装饰。墩面中心以孔雀绿地斗彩荷莲纹装饰，四周都以胭脂红地“轧道”粉彩花卉纹装饰。外壁中部以孔雀绿地斗彩荷莲纹装饰，上下鼓钉处各有1周黑地描金卷草纹装饰。此绣墩为清乾隆时期景德镇御窑厂烧造，使用了斗彩、粉彩“轧道”、黑地描金、镂空等技法装饰，颇显华贵富丽。传世仅此1件，弥足珍贵。

6. 紫檀边嵌玉十六罗汉像围屏

框及下裙板用紫檀木制，屏分16扇。屏心落堂作，髹黑漆地，用“周制凸嵌法”以0.5厘米厚的白玉片镶嵌成佛教十六罗汉像，显现出

紫檀边嵌玉十六罗汉像围屏
清中期
单扇宽 59 厘米
通宽 944 厘米
高 195.5 厘米

剪纸贴画的艺术效果。加上黑地和白玉的色彩反差，使画面形象更为突出。十六罗汉不仅姿态各异，神态表情也各不相同，或庞眉大目、朵颐鼻隆，或皱额凹头、深目翻鼻，极具胡貌梵相，生动传神。每个罗汉的上方均嵌有罗汉的名称和乾隆皇帝所作的《罗汉赞》。裙板正方形，分别雕刻 4 条拐子龙纹。屏风背面及屏心黑漆地，以金漆彩绘竹子、牡丹、藤萝、荷花、桃花、月季、桂花、美人蕉、茶花、水仙、菊花、秋葵等各式折枝花卉，至今色彩鲜艳明亮。裙板与正面相同，屏风原陈清宫乾隆花园云光楼大佛龛的莲花台上，为三面直角陈设，正面 10 扇，两侧各 3 扇。

代后记：把壮美的紫禁城完整地交给下一个600年

紫禁城是1420年在永乐皇帝手中建成的，昔日的紫禁城里曾居住过24位明清的皇帝。1925年，紫禁城转化了新的身份，也就是成立了故宫博物院。故宫作为一个古建筑群，它一直保存到今天，是世界上保留至今最大规模的宫殿建筑群，也是世界上保留的最大规模的木结构建筑群。今天的故宫博物院有很多文化身份，它是一个博物馆，是一处世界文化遗产，是一个著名的旅游目的地。为什么有这么多的文化身份?我认为主要还是它的文化资源决定的。

那么说到故宫的文化资源，我认为第一个方面就是它的古建筑群。

8000多间建筑构成了一个气势磅礴的古建筑群。大家知道北京是一座古都，有一条明显的城市中轴线，从永定门到钟鼓楼，一共是7.8千米。在这条中轴线上最重要的一个虚实结合的依托就是紫禁城这座古建筑。北京城和其他历史文化名城不一样，像欧洲的一些历史文化名城最初建设的时候，是先建一个古堡，然后在古堡周围蔓延开来一些传统的民居。进入工业化时代以后，新建的一些城市往往把城市的中心视为寸土寸金之地，也是商务中心，高楼林立。但是，北京因为有故宫和它周围的一些文物建筑，所以始终控制着城市的发展，也就是北京的城市中心地区是平缓开阔的，到二环路、三环路、四环路才逐渐地高耸起来。

第二个文化资源就是我们的文物藏品。故宫博物院究竟有多少文物藏品？我们的前院长郑欣淼先生曾领导故宫博物院的工作人员用了7年时间，对故宫博物院的文物藏品进行了一次彻底的清理，清理后得出的数据是故宫博物院共有文物藏品1807558件。我听说在清理结束总结大会上，台上台下不是一片欢笑，而是大家都落泪了，终于完成了这项重要的工作。2016年底，通过全国第一次可移动文物普查，故宫博物院的文物藏品数量更新到1862690件。我们把故宫博物院的文物藏品资源分为231个类别，25个大类。我列举其中的几类：第一类是绘画，故宫一共有53000幅绘画，大家熟悉的比如《千里江山图》《五牛图》《韩熙载夜宴图》《清明上河图》等。第二类是书法，一共有75000件，有大家熟悉的《兰亭序》《中秋帖》《伯远帖》等，也是我们重要的藏品。第三类是碑帖，一共有29000件，碑帖非常重要，因为历代帝王都广泛地搜集名山大川的一些石刻上的文字信息，但千百年以后田野自然状态的一些石刻被损坏，真实的信息就保存在博物馆。这3类一共是158000件，这就是故宫博物院收藏的相对比较脆弱的珍贵的纸质文物的一部分。故宫博物院还是世界上收藏铜器类藏品最多的博物馆，有150000多件，收藏带有先秦铭文的青铜器也是世界上最多的，1600余件。我们还有11000件金银器、18000件漆器和6600件珐琅器，这都是传世的艺术品。玉石器是故宫博物院收藏中的骄傲，它记载了中华文明五千年的一个完整的历史。故宫博物院收藏的陶瓷也是世界上最多的，一共370000件，绝大多数都是生产于景德镇的官窑瓷器。另外还有织绣，我到故宫博物院工作之前也没想到故宫博物院能有这么多织绣。后来我查阅资料，的确在江宁、苏州、杭州，当时官府设了江南三织造，最多的时候7000人为皇宫做服饰，因此故宫博物院收藏了180000件织绣。我们还有11000件雕刻工艺，像象牙制品、寿山石等，我们还有13000件其他工艺品。故宫博物院有文房四宝，文具一共有85000件，数量也是比较大的。有一些留下的生活用品是非常有趣的，比如上百年的普洱茶，两米多长的象牙编制的象牙席，还有一些非常有意义的儿童玩具，因为以前有年纪很小的皇帝，也有一些轮船、军舰的玩具。故宫博物院也是收藏外国文物最多的一座博物馆，这些文物藏品都是通过陆上丝绸之路、海上丝绸之路，通过外国使节的来往，以及海外贸易等汇集来的，所以故宫博物院现有上万件的外国文物，其中西洋钟表仪器一共有2200座。故宫博物院也是世界上收藏18世纪西洋钟表最具特色、品质极高的一座博物馆，绝大多数来自英国，也包括瑞士、德国、法国的一些西洋钟表。故宫博物院收藏宗教文物一共48000件，其中85%以上是佛教文物。

太和殿前庆典所使用的一些大型仪仗装备还有32000件。铭刻是故宫博物院文物藏品中最重要的一类，它们直接诉说着历史，例如10面石鼓应该是国宝中的国宝，还有殷墟甲骨一共23000片，是殷墟甲骨收藏最多的博物馆之一。总之，这些文物藏品是故宫博物院文物藏品的重要组成部分。

2002年到2020年，故宫博物院历时18年时间进行文物修缮工程。现在文物建筑经过修缮后，已经重新合理利用起来。文物修缮使古建筑文物益寿延年，也使故宫博物院的开放面积持续地扩大。2002年以前，故宫的开放面积只占总面积的30%，现在已经超过了80%。

文物修缮既要保留历史信息不改变文物的现状，还要进行传统工艺的传承，所以是一项非常复杂的工作。古建筑的修缮不能作为一个普通的土木工程，而是要作为一个研究项目来对待，要作为一个传承百年大计来实施。当初建紫禁城时，都是从全国各地汇聚最好的建筑材料，金砖、琉璃瓦，还有一些木材等，今天都难以寻觅了。另外就是工匠，过去在紫禁城，工匠的手艺都是一代一代传承下来的，但是一段时间以来，采取招投标的方式，工人可能三个月前还在务农，三个月后就进入了古建筑维修保护工地，他们手里没有这种传统的技艺。如果维修保护几年以后又出问题的话，我们就对不起紫禁城辉煌的古建筑，所以一定要把每一座古建筑的维修保护都作为科学研究和传统技艺传承的课题才行。

乾隆花园是乾隆皇帝改建宁寿宫时所建的花园，也叫宁寿宫花园。乾隆花园的修缮工艺非常复杂，2019年才修缮完成。我们对整个乾隆花园的修缮制订了详细的计划，每一道工序都进行充分的研究，例如顶部的修复、内檐彩画的修复、镶嵌工艺技术的保护、牌匾的保护、染料的恢复和保护，以及一些丝织品和纸制品的替代品，做成之后与原来的品质相当等问题。乾隆花园最后一栋建筑叫倦勤斋，在紫禁城的古建筑群里非常不起眼，甚至从地图上看不到它，但是建筑内部非常复杂，那么小的一个房子里，地面铺的是金砖，整个梁架是紫檀，绣品是双面绣，梁架上和窗户上镶嵌着上千块的和田玉，室内有一个小戏台，小戏台都是金丝楠木仿竹子制成的，屋顶是一个通景画，但是这个通景画，是裱糊在一种特殊的植物上面，于是专家在安徽的山区里找到这种植物，找到可以用这种植物做材料的传承人，然后经过反复的研究，才恢复了传统的工艺，把同样的材料做好后运到了紫禁城。

我们对文物建筑维修保护开始改变思路，把每一项工程都变成了科学研究的项目，开始对文物建筑进行更为详细的勘察，列出每一栋古建筑需要解决的关键技术问题。例如御花园的石子路，这些小石子遍布御花园的各个角落，形成美丽的图案，这些石子路的修缮大概需要 5 年时间，因为每一颗石子都要选择合适的颜色和形状，然后加强预防性修复。例如东华门的保养修复，古建筑的彩绘脱落了，修复过程不是简单地彩绘油饰，而是最大限度地保留历史信息，采取离子喷射的技术，这种技术可以调节喷射的强度，细心地将彩绘上面的污渍清理掉，然后进行封护，这样就能保留更多古建筑彩绘的历史信息。

2013 年国务院批准了“平安故宫”工程，这个工程来之不易，是经过提炼很多经验教训，正式向国务院提交报告获得批准的。“平安故宫”工程能解决七大隐患。第一个隐患是火灾隐患，这是放在头位的，因为木结构建筑群最怕发生火灾；第二个隐患就是盗窃隐患；第三个隐患是震灾隐患，华北地区还是有地震的，有时候还有强震，故宫博物院的珍贵文物太多，每一件都要很好地防震；第四个隐患就是藏品自然损坏，不能因为文物多就不珍惜，或者就藏而不露；第五个是库房的隐患，很多文物得不到很好的保管；第六个隐患是市政管道，过去的紫禁城有六七种管线，现在有十七八种管线，必须彻底解决存在的复杂的隐患问题；最后一个隐患就是观众的安全隐患。

故宫博物院有上百万件文物藏品亟待保养和修复，西城墙和西内金水河的中间有一座建筑，宣统年间被烧毁了，这个地方民国期间一直堆垃圾。现在我们把这些垃圾进行清理，然后申报到国家文物局和联合国教科文组织，申请恢复历史景观，获得了批复。于是2013年底正式开工，建设"故宫文物医院"，下一步还将对公众开放。故宫博物院的展览很有特色，特别是原状陈列，很多文物当年就是为这个空间所制作，今天还摆放在这个空间。事实上，这些文物只有在原生环境中才最有尊严。

故宫博物院是一个科学研究单位，所有文物藏品保护和陈列展览都要有科技成果支撑。2013年10月，故宫博物院成立了故宫研究院，故宫博物院的研究学者数量是全国博物馆最多的，有400多名具有高级职称的研究人员，其中200多名在职，还有160名退休研究人员被返聘。我们希望故宫博物院是一个透明的、公开的文化机构，每个人都享有对它的知情、管理、参与、受益的权利，所以故宫博物院公布了内部的规章制度，共114条，就是让社会公众感受到故宫是大家的故宫。故宫讲座逐渐在越来越多的高等院校持续地举办，故宫博物院也和越来越多的国际博物馆建立合作关系，不断引进世界各国的展览，故宫博物院丰富多彩的展览也不断走向世界各地。总之，我们经过不懈的努力，把一个壮美的紫禁城完整地交给了下一个600年。

图书在版编目（CIP）数据

单霁翔带你走进故宫．文物风华 / 单霁翔著；周高亮摄影．-- 北京：故宫出版社，2025.4（重印）
ISBN 978-7-5134-1339-8

Ⅰ．①单… Ⅱ．①单… ②周… Ⅲ．①故宫－文物－介绍－北京 Ⅳ．① K928.74

中国版本图书馆 CIP 数据核字（2020）第 163253 号

单霁翔带你走进故宫　文物风华

单霁翔　著

周高亮　摄影

出 版 人：果美侠

责任编辑：徐　海　宋　歌

装帧设计：赵　谦

供　　图：故宫博物院数字与信息部

责任印制：常晓辉　顾从辉

出版发行：故宫出版社

地址：北京市东城区景山前街4号　　邮编：100009

电话：010-85007800　85007817　　邮箱：ggcb@culturefc.cn

印　　刷：北京雅昌艺术印刷有限公司

开　　本：787毫米×1092毫米　1/16

印　　张：20.5

字　　数：260千字

图　　版：288幅

版　　次：2020年12月第1版

2025年4月第3次印刷

印　　数：14501-17000册

书　　号：ISBN 978-7-5134-1339-8

定　　价：96.00元